O poder do discurso materno

CIP-BRASIL. CATALOGAÇÃO NA PUBLICAÇÃO
SINDICATO NACIONAL DOS EDITORES DE LIVROS, RJ

G992p
6. ed.

Gutman, Laura, 1958-
    O poder do discurso materno : introdução à metodologia da biografia humana / Laura Gutman ; tradução Débora Isidoro [prólogo à nova edição] ; Lizandra Magon de Almeida. - 6. ed. rev. ampl. - São Paulo : Ágora, 2023.
    224 p. ; 21 cm.

    Tradução de: El poder del discurso materno
    ISBN 978-85-7183-323-4

    1. Maternidade - Aspectos psicológicos. 2. Mães - Psicologia. 3. Mãe e filhos. I. Isidoro, Débora. II. Almeida, Lizandra Magon de. III. Título.

23-86310
CDD: 155.6463
CDU: 159.922-055.26

Meri Gleice Rodrigues de Souza - Bibliotecária - CRB-7/6439

Compre em lugar de fotocopiar.
Cada real que você dá por um livro recompensa seus autores
e os convida a produzir mais sobre o tema;
incentiva seus editores a encomendar, traduzir e publicar
outras obras sobre o assunto;
e paga aos livreiros por estocar e levar até você livros
para a sua informação e o seu entretenimento.
Cada real que você dá pela fotocópia não autorizada de um livro
financia o crime
e ajuda a matar a produção intelectual de seu país.

Laura Gutman

O poder do discurso materno

Introdução à metodologia da biografia humana

Do original em língua espanhola
EL PODER DEL DISCURSO MATERNO
Introducción a la metodología de la biografía humana
Copyright © 2011, 2023 by Laura Gutman
Direitos desta tradução reservados por Summus Editorial

Editora executiva: **Soraia Bini Cury**
Coordenação editorial: **Janaína Marcoantonio**
Edição: **Mariana Marcoantonio**
Tradução: **Débora Isidoro (prólogo à nova edição) e Lizandra Magon de Almeida**
Revisão da tradução: **Débora Isidoro e Pablo Moronta**
Revisão: **César Carvalho**
Capa: **Renata Buono**
Imagem da capa: **Markovka/Shutterstock**
Projeto gráfico e diagramação: **Crayon Editorial**

6ª edição revista e ampliada, 2023

Editora Ágora
Departamento editorial
Rua Itapicuru, 613 – 7º andar
05006-000 – São Paulo – SP
Fone: (11) 3872-3322
http://www.editoraagora.com.br
e-mail: agora@agora.com.br

Atendimento ao consumidor
Summus Editorial
Fone: (11) 3865-9890

Vendas por atacado
Fone: (11) 3873-8638
e-mail: vendas@summus.com.br

Impresso no Brasil

Aos meus filhos, Micaël, Maïara e Gaia
Aos meus netos, Fiona, India, Ney e Nilo

Sumário

Prólogo para esta nova edição 9

INTRODUÇÃO Algumas explicações pertinentes. . . . 13
Do fato materno ao acompanhamento
    das biografias humanas 13
A escola da biografia humana 20
Laboratório de pensamento e práticas 25
Minha equipe 27
Encontraremos soluções? 28

CAPÍTULO 1 Alguém nomeia o que acontece 31
A consciência se lembra do que é nomeado 31
A constituição do personagem 35
Eu me sinto amado ou amam o meu personagem? . . 42
Quanto maior o desamparo emocional, mais refúgio no
    personagem que confere identidade 46

CAPÍTULO 2 O discurso materno 51
Detectar o discurso materno 51
Por que é importante descobrir pela boca
    de quem o indivíduo fala? 60
Como conseguir não impor um discurso
    iludido a nossos filhos 63

CAPÍTULO 3 O discurso do "eu iludido" 69
Quando nosso discurso se apropria da voz oficial . . . 69
Reforçar o personagem que nos deu amparo 89

O fascínio gerado pelos personagens 93

CAPÍTULO 4 Histórias comuns 97
Miranda: a invisibilidade como refúgio 98
Ricardo: um franguinho molhado e furioso. 109

CAPÍTULO 5 Os estragos da repressão sexual 117
Patriarcado e repressão sexual 117
Os partos em cativeiro 119
A abordagem da repressão sexual em
 cada biografia humana 123
Daniela: mentiras e sexo. 125

CAPÍTULO 6 Fora da trilha 143
A repressão das pulsões básicas. 143
Tudo que pensamos dentro da trilha 148
Amparo: a distância entre o correto e a verdade interior . 151

CAPÍTULO 7 O abuso sexual como sistema vincular . . 165
Reflexões gerais sobre o abuso sexual 165
Isabela, na busca do seu feminino interior 174

CAPÍTULO 8 As palavras que curam 191
O que o discurso materno não diz 191
As biografias humanas realizadas pela internet . . . 193
Joan e sua falta de palavras 193
A função das palavras que descrevem realidades internas . 199
Ana e sua filha adolescente 202

CAPÍTULO 9 A busca de si mesmo 213
Cada biografia humana é um universo em si mesmo . . 213
A busca de si mesmo. 215

Prólogo para esta nova edição

DESDE QUE *O PODER DO DISCURSO MATERNO* foi publicado pela primeira vez, a confirmação constante sobre o lugar ocupado por nossas opiniões e interpretações tem crescido. Existe alguma coisa que consideramos indiscutível? Sim. Mamãe foi boníssima e sacrificada. É verdade? Para a vivência subjetiva de mamãe, não há dúvidas. O problema é que, enquanto isso, **nós éramos crianças**. E quando crianças, precisávamos de uma presença amorosa e agregadora, uma proteção emocional e uma suavidade materna que nos acobertassem num prazer físico sensorial protetor.

Isso **não aconteceu**. As vivências internas da criança que fomos foram subordinadas ao medo, ao distanciamento afetivo, à obediência, à solidão ou à violência em qualquer de suas formas. No entanto, não nos lembramos do que aconteceu conosco, portanto, também não podemos invocar esses acontecimentos. Por outro lado, recordamos a realidade como **foi nomeada por nossa mãe**, com riqueza de detalhes. Lembramos seus sofrimentos, sacrifícios e dificuldades, inclusive como mamãe nos descrevia. Talvez valorizasse nossa inteligência, maturidade ou capacidade de adaptação, ou, pelo contrário, detestava nossa desobediência ou as demandas infantis. De qualquer maneira, nossas **lembranças se organizaram** com base nas **palavras ditas por nossa mãe**, ou pela mulher que nos criou.

Neste livro, descrevo essas evidências. À medida que os anos foram passando, comprovei que o maior obstáculo — para progredir na leitura deste texto — está na **lealdade emocional** que temos por nossas mães. Como comprovar? Focando na completa implantação da **biografia humana** de cada indivíduo.

Se organizamos nosso entendimento com base no que a mãe disse, é muito provável que todo nosso **sistema de crenças** esteja vinculado a isso. Na verdade, não gostamos que ninguém questione a figura da mamãe. Achamos que é falta de respeito e, principalmente, uma **traição** de tudo que mamãe fez por nós. É verdade que ela fez muito? Do ponto de vista da mamãe, sim. Ela fez o máximo que pôde, não há dúvidas. Repito que, quando não toleramos que alguém questione nossa mãe com relação à sua função maternante, é porque a **lealdade** funciona plenamente. Reagimos a uma promessa inconsciente que fizemos em tempos distantes movidos pelo medo do abandono, que era a ameaça recorrente. O acordo original foi: "Se ficar comigo, não vai acontecer nenhum mal com você". Esta afirmação esconde a próxima: "Se me abandonar ou buscar sua liberdade, não vou te proteger, e você vai estar em perigo".

Quando éramos crianças, não tínhamos opção. É claro que precisávamos da proteção da mamãe, mas isso deveria ter acontecido **sem condições**. As crianças não têm que retribuir favor nenhum por terem sido criadas. Existe aqui um despropósito transgeracional: nossas mães — infantis e carentes em consequência da infância que tiveram — exigiram de nós alianças através de nossa inquebrantável **lealdade**.

Nessas circunstâncias, qualquer sentimento autônomo que pudesse surgir dentro de nós, qualquer desejo, anseio ou curiosidade seria considerado **traição**.

Aqui está parte dos obstáculos que agem — sem percebermos — e nos mantêm prisioneiros, transformando-nos em defensores da rígida coleção de pensamentos que poderiam ser questionáveis. No entanto, nada é bom ou mau, correto ou incorreto. Não se trata de julgar ninguém, nem de pensar que as coisas deveriam ser de um jeito ou de outro. Vai além, não existe uma maneira boa de ser, fazer ou pensar. De fato, com minhas pesquisas e meus escritos, só ofereço caminhos possíveis de acesso à nossa **realidade real**. A realidade do que aconteceu conosco, a realidade do que fizemos com isso que aconteceu, e o que somos capazes de entender hoje com isso que fizemos como consequência do que nos aconteceu. Depois, decidiremos pensar ou fazer o que quisermos.

Para conseguir algo tão ambicioso (abordar a realidade real, sem interpretações), temos que determinar **a distância entre o que nossa mãe nomeou e o que — subjetivamente — experimentamos**.

Por exemplo, todos os adultos têm certeza de que as crianças não merecem receber aquilo que pedem. O que elas pedem? Atenção, como é necessária à nossa natureza humana original. Porém mamãe — e a civilização como um todo — acham que devemos ser bons meninos e ficarmos quietos. Mas acontece que as crianças se mexem, foram feitas para se mexer.

Outro exemplo: mamãe — como todos à sua volta — acredita que precisamos de limites. Mas acontece que precisamos de uma enorme corrente de permanência, presença, vínculo emocional, contato físico, abrigo e carinho materno, de acordo com nossa natureza de cria mamífera humana. Precisamos disso como do ar que respiramos a partir do momento em que nascemos. Mas é tão raro encontrar em nossa civilização um cenário alinhado com nossa natureza humana, que acabamos supondo que não é importante. E esta é a verdadeira **distância entre o discurso e a realidade**. Aí está o nó, a origem, o início do **desastre ecológico** em que estamos todos mergulhados.

Quero dizer que, de um lado, temos a natureza original da nossa espécie — que é a mesma ao longo de toda a história da humanidade, em todos os cantos do planeta — e do outro, temos a civilização que decide fazer as coisas de outro jeito. Para que determinada civilização alcance os resultados de que necessita, ela vai interpretar a realidade de maneira a favorecer a realização de seus objetivos.

Escrevo tudo isso para dizer que **sair da trilha** não é fácil, nem pensar com autonomia. Observar de fora do campo é um ato de coragem incomum. Principalmente se sentimos que não deveríamos fazer isso, porque estaríamos traindo a mamãe, coisa pela qual ela nunca nos perdoaria.

As consequências de continuar olhando a realidade através de lentes coloridas e gastas ao longo de muitas gerações também são descritas neste livro. E como em cada um de meus textos, só pretendo oferecer aos leitores uma visão ampliada, lógica, amorosa, compreensiva e talvez um pouco incômoda, mas sempre com a firme intenção de nos aproximarmos da verdade. A verdade sobre quem somos e os recursos que temos ainda por desenvolver, em favor da humanidade.

Algumas explicações pertinentes

DO FATO MATERNO AO ACOMPANHAMENTO
DAS BIOGRAFIAS HUMANAS

Quando dou palestras e seminários, há pessoas que estão mais interessadas em mim do que em ouvir o que tenho a dizer. Querem receber um sorriso, um abraço, um olhar. Na verdade, quando essas pessoas se inscrevem, pagando às vezes um bom dinheiro, perguntam se vão poder se aproximar para falar comigo a sós. Aguardam esse momento como uma criança espera olhar o Papai Noel de perto. É frequente projetarmos poderes mágicos sobre os outros. Também é comum que alguns nos disfarcemos de magos, um pouco para agradar e outro pouco porque acabamos acreditando que somos isso mesmo. Na verdade, cada um de nós é mago apenas em relação a si mesmo. A questão é que preferimos depositar no exterior coisas que cabem a nós assumir.

Se eu jogasse esse jogo, ficaria pendente muito do que realmente quero difundir, que é o que vou tentar descrever neste livro. De fato, escolho a escrita para transmitir os minuciosos processos individuais que acontecem ao utilizar o sistema da **biografia humana**. Esta abordagem é a que ensino em minha escola — hoje em dia completamente virtual e com aprendizes de todas as partes do mundo. Ensino e preparo alguns profissionais extraordinários que trabalham com uma lucidez impecável, apoiando os processos individuais de centenas e centenas de homens e mulheres que procuram nossa instituição em busca de assistência. É assim que, com o passar dos anos, vou transcrevendo experiências reais para a linguagem escrita. Meu objetivo é apresentar essas evidências aos leitores do modo mais simples possível.

Acredito que o grande obstáculo que nós, seres humanos, temos na atualidade — e é a chave para compreender globalmente a conduta humana — é a submissão infantil na qual permanecemos, em consequência do **poder do discurso materno**. Palavras ditas, repetidas várias vezes a partir de determinada lente — a de nossa mãe — que, em nosso caráter de crianças pequenas, adotamos como a única lente possível a partir da qual viver a vida. O modo como então perpetuamos esse olhar, carregando uma longa herança de ordens, preconceitos, medos, moral, conceitos filosóficos, religiões e segredos, nos deixa devastados. Sem saber quem somos. **Perguntando a torto e a direito o que é bom e o que é ruim.**

O trabalho retrospectivo que cada indivíduo — estimulado por uma dificuldade vital — tem a oportunidade de empreender merece um percurso longo e penoso. É tão árduo e tão diferente em cada caso que considero injusto generalizar. A diversidade de experiências, processos pessoais, aberturas, perguntas e confrontações com o próprio material sombrio é muitíssimo mais rica do que a linearidade de uma teoria que pretenda reunir tais vivências. Por isso talvez seja pertinente que eu explique aos meus leitores como fui chegando, depois de quase 40 anos de trabalho, às reflexões que organizei neste livro, e para isso quero compartilhar algo de minha história profissional.

Talvez vocês saibam que eu comecei esse trabalho de indagação sobre a conduta humana com base nas problemáticas atualizadas desse momento tão invisível e pouco valorizado socialmente que é o **fato materno**. Era tal a limitação das mães jovens, e eu tinha mesmo tanta empatia com elas (sempre tive, inclusive antes de ser mãe), que me parecia natural, totalmente simples e espontâneo, ajudar, apoiar, conter e traduzir todas as sensações ambivalentes que inundavam as mães com bebês ou crianças de colo. Assim começou o meu trabalho.

Ainda na época em que morava em Paris, com meus dois primeiros filhos já nascidos, era testemunha da distância emocional de que padeciam muitos franceses (mais do que nós, latino-americanos), bem como dos maus-tratos nos partos, da difícil tarefa de amamentar, quando a amamentação ainda não estava na moda e poucos pediatras a toleravam. Nesse momento — em meio aos meus ideais de juventude, ao exílio, à descoberta do feminismo, ao pós-Maio de 1968, à macrobiótica e às correntes orientais progressistas que chegavam com suas lufadas de pensamentos livres —, eu erguia todas as bandeiras sempre que houvesse uma boa causa a defender. Quem poderia ser contra? Incentivar as mães a amamentar só podia ser algo positivo. Era isso que eu pensava, amparada por minha juventude.

Voltei a Buenos Aires e continuei o trabalho de "apoiar as mães". Claro, apoiar sempre é algo bom. E enquanto nós, mulheres, atravessávamos com maior ou menor desespero os períodos puerperais, sentindo-nos estranhas, loucas ou desequilibradas, uma palavra de apoio era bem-vinda. Os anos foram passando e, ao trabalhar com as mulheres, e aos poucos também com os homens — sentindo igualmente empatia, compaixão, carinho e todas essas coisas que nos aproximam dos seres humanos quando abrimos o coração —, comecei a me dar conta de que, na verdade, havia outros obstáculos muito mais profundos, internos e escondidos, que não tinham muito que ver com a dificuldade de ser mãe na sociedade atual, mas com a maneira como hoje cada um de nós examina a vida e a vive.

Timidamente, fui organizando um sistema de indagação, tomando por base, no começo, as lembranças da infância. Até que logo me dei conta de que as lembranças não eram assim, e de pouco serviam para chegar à verdade pessoal. As lembranças eram quase sempre **distorcidas**. Deturpadas. Fui constatando que abordar as lembranças era uma tarefa muito difícil, assim como tentar limpar um quarto desorganizado e abandonado durante anos, cheio de panos sujos e sem utensílios para começar a arrumação. A vida das pessoas se apresentava da mesma forma: com urgência, para que, em um passe de mágica, esses quartos se tornassem um luxo para donzelas, mas sem indicações confiáveis para descartar o que não servia e deixar o que pudesse ser útil.

Algo também me chamava a atenção: as urgências. Quanto maior a disponibilidade da minha parte, mais urgências apareciam. Rapidamente, aprendi algo que logo confirmei: **as urgências só pertencem ao âmbito dos plantões de hospitais e bombeiros**. Tudo o mais, foram necessários 30, 40 ou 50 anos para organizar, portanto precisaremos de período semelhante para desmontar. Não podemos resolver tudo "isso" com urgência, mas com **tempo**.

Nessa época, também me chamava a atenção que as pessoas que tinham mais urgência eram as que menos estavam dispostas a observar honestamente seu ser interior e as que mais clamavam por soluções mágicas. Aprendi, pouco a pouco, que os tempos eram muito pessoais e as supostas soluções também. Portanto, não valia a pena se desesperar.

Vários anos depois, comecei a publicar livros. O de mais sucesso foi e continua sendo *A maternidade e o encontro com a própria sombra*, porque é um texto com o qual as mulheres se identificam. Elas leem e afirmam: "Isso acontece comigo, é igualzinho". Então, logo depois de ler e sentindo-se "compreendidas por alguém", projetam na autora um suposto saber, acreditando que contarão com uma solução exata para resolver qualquer outro problema que possam ter. A reflexão mais frequente é a seguinte: "Se alguém sente ou pensa como eu, as conclusões a que chegar serão perfeitas para mim". E apesar de ser um livro que traz alívio para muitas mulheres com crianças pequenas, encarado por muitas como uma "salvação" (simplesmente porque nomeia os estados alterados de consciência nos quais entramos após o puerpério, o que não é pouca coisa, eu sei), somos tentadas por um mecanismo conhecido: queremos nos sentir bem com a opinião alheia. E, se conseguimos obtê-la, já não estamos interessados em ser responsáveis por nossas decisões.

Contudo, mesmo que seja prazeroso encontrar pessoas que pensem como nós, **isso não serve para nada**. Simplesmente nos sentimos um pouco mais adequados. Mas nada além. Em meu modo de ver, o trabalho profundamente revelador é aquele voltado para **integrar nossa sombra**. Todos os mecanismos, sistemas, filosofias, linguagens ou metodologias que acompanham os processos de encontro com a própria sombra são os que serão úteis para compreendermos nossas escolhas e a responsabilidade que implicam, sejam elas conscientes ou não. Somos nós, e apenas nós, que construímos nossa vida. Nada alheio a nós pode nos acontecer. E, se algo que construímos nos traz sofrimento, então cabe a nós compreender como foi organizado, se pretendemos desmontar isso com o que contribuímos para fazer funcionar. Espero que fique claro que **não há conselho que sirva**. Nenhum conselho serve para absolutamente nada.

Apesar dos pedidos constantes para que eu assuma o papel de mago que traz alívio às mães, não o fiz, pois é algo em que desacredito totalmente. Bem ao contrário, ao longo dos anos fui afinando uma **metodologia para abordar a realidade emocional de cada indivíduo**, despojando-nos de tudo que opinamos sobre nós mesmos. Tarefa muito difícil. Porque todos temos opiniões sobre tudo, e mais ainda sobre nós mesmos.

É importante deixar bem claro que os profissionais (a quem chamo de *beagadores*, porque chamamos a biografia humana carinhosamente de **BH**) que acompanham esses processos funcionam como **detetives**: organizam a informação, a colocam sobre a mesa, descartam tudo que não encaixa, descobrem as peças que faltam, voltam a organizá-las, olham de todos os ângulos e inclusive dão *zoom*: aproximam e afastam, aproximam e afastam. Revisam as lealdades e o alinhamento ao discurso materno, comparando-o com as prováveis vivências infantis. É claro, toda essa informação reunida e organizada precisará ser cotejada conosco — os consultantes — porque, afinal, trata-se da nossa vida. Damos especial importância ao que eu denomino "cenário de infância".

Nesse sentido, o *beagador* não é alguém que necessariamente sabe muito. Nem é a pessoa a quem se pergunta o que devemos fazer sobre cada coisa que nos acontece. É apenas alguém treinado nesta **metodologia** de indagação, que vai nos ajudar a organizar as lembranças, os sentimentos, o que foi **nomeado** durante nossa infância, o que foi **calado** ou **silenciado**. É alguém que vai nos acompanhar para observar as cenas completas de nossa vida. Mas cada um é que vai constatar se as peças encaixam ou não com sua vivência interior.

Minha intenção neste livro é explicar como estamos acompanhando os processos de **organização da biografia humana**, como detectamos os cenários de infância e os personagens que nos dão amparo, para então interpretar as cenas da vida cotidiana. Quem nomeia quais coisas, como organizamos nossas crenças, nossas cegueiras ou nossas deficiências. E como compreender mais e melhor nossas escolhas cotidianas.

A **biografia humana** está viva. Junto com minha equipe de *beagadores*, cada história de vida de cada consultante é um desafio e um novo chamado à reflexão. Talvez, dentro de cinco ou dez anos estaremos trabalhando de outra maneira, porque é uma tarefa dinâmica: muda em função de cada pessoa que nos procura, muda com cada *beagador* que se submerge no território emocional e na dor do outro, muda a cada instante.

Então, não importa o que é correto ou incorreto. Não sou a favor nem contra nada. A única coisa que importa é que nos compreendamos mais e entendamos a lógica de nossas ações, de nossos rancores, de nosso medo ou de nossa rigidez. Se estamos procurando o equilíbrio fora de nós, não o encontraremos nunca; no máximo encontraremos aliados, mas isso é outra coisa.

Até mesmo explicando isso em cada circunstância, me encontro, várias vezes, com centenas e centenas de pessoas que, depois de me escutar um dia inteiro, ou por dois dias, ou três... em jornadas longas e intensivas, me perguntam: "Diga-me, Laura, o que você opina sobre a cama compartilhada?" Ou sobre qualquer outra coisa: perguntam-me sobre as vacinas, a alimentação, a economia, a psicanálise tradicional, a política... e acontece que eu tenho minhas opiniões, como todo mundo, claro. Só que não tem nenhuma importância que eu opine, nem importa como gosto de viver minha vida. É assunto meu, e tem que ver... com minha sombra! Sem dúvida. Mas por isso mesmo, possivelmente, não encaixe no jogo de luz e sombra dos demais. Entretanto, adoramos delegar o suposto saber a outros, e quando nos dizem algo com o que concordamos, teremos razão! E nos sentiremos mais fortes para discutir com alguém que pensa o contrário. Tudo isso, porém, não serve para nada. Só serve para perpetuar nossos personagens, nossas crenças e mandatos. Por isso, a tarefa da **biografia humana** é desmascarar esse conjunto de discursos iludidos, em vez de alimentá-los. Insisto que as opiniões de uns e de outros em nada nos interessam.

A ESCOLA DA BIOGRAFIA HUMANA

Ensino a metodologia que proponho há muitos anos, e sempre surgem novos profissionais dispostos a me acompanhar nessa tarefa. O ensino muda, porque a prática cotidiana abre novos modos de encarar com amor e inteligência o propósito de vida de cada indivíduo. Para ser totalmente honesta, gostaria de explicar o funcionamento da Escola de Formação Profissional, que desde 1996 era presencial, em Buenos Aires, e que em 2013 passou a ser virtual, contando com a participação de homens e mulheres que moram em todas as partes do mundo.

Muitos leitores sabem que os *beagadores* que trabalham em minha equipe foram todos formados em minha escola, que se baseia principalmente no estudo e na prática da metodologia da **organização da biografia humana**. Essa metodologia não é a única, nem a melhor que existe no mundo. Mas é honesta, organizada, realista, consistente, sem rodeios e ajuda muita gente.

Primeiro ano

Quanto à capacitação profissional (que é on-line, a um clique de distância): o **primeiro ano** é simples. Ofereço conclusões teóricas que fui sistematizando durante muitos anos. Abordo temas básicos sobre a conduta humana: a fusão emocional, a massificação dos partos e suas consequências, os puerpérios, a amamentação, as diversas dinâmicas familiares do ponto de vista das crianças, as necessidades básicas das crias humanas, a vida em casal, a solidão e o isolamento das mães recentes, a falta de tribo, o significado das doenças, os desequilíbrios emocionais, as medicinas alternativas, a distância entre a verdade e os discursos maternos, os limites de que as crianças supostamente precisam, a ignorância generalizada dos adultos, o controle de esfíncteres, a vida cotidiana com as crianças, as escolas e os sistemas obsoletos de educação, a alimentação, o sono, a sexualidade, as noites, a violência ativa e a violência passiva, os abusos sexuais na infância e o futuro da humanidade, entre muitos outros temas de reflexão.

Enquanto ampliamos nossa visão, cada aprendiz vai iniciando o processo pessoal e individual de sua **própria biografia humana** (sob responsabilidade de uma *beagadora* de minha equipe). Alguns de meus aprendizes são profissionais experientes de outras áreas, então, entregar-se mais uma vez a rever a própria história causa rejeição e certa preguiça. Mas considero que não há formação profissional possível se não passamos pela peneira de nossos próprios personagens e ideias preconcebidas.

É curioso como pretendemos abordar uma teoria apenas a partir do intelecto. Contudo, em questões da alma humana, é mais autêntico colocar a mente a serviço do raciocínio ordenado e o coração a serviço da vibração intuitiva, ou seja, ambas as ferramentas humanas em uníssono.

Eu dizia a vocês então que todo **o primeiro ano** de estudos transcorre em torno à descoberta de nossos personagens, aproximando-nos da realidade emocional de nossa infância, que quase sempre foi mais **carente, solitária e maltratada** do que imaginávamos. Por quê? Porque **ninguém tinha nomeado** algo assim. Este é o primeiro impacto: dar-nos conta de que viemos de uma história — em termos afetivos — bem mais árida do que tínhamos registrado, e com feridas abertas, sem sequer ter consciência delas.

Para muitas pessoas, essa passagem já é dolorosa demais. Às vezes, precisam de mais tempo para continuar processando tudo que redescobriram (pois, honestamente, não há nada totalmente novo, só há uma maneira atualizada de observar e nomear aquilo que sabemos de nós mesmos).

Segundo ano

Aqueles que ainda têm vontade e entusiasmo empreendem o **segundo ano** da escola. Costumo dizer para os meus aprendizes que é um **salto quântico**. Quem percorre o segundo, o terceiro e o quarto anos estão juntos na mesma plataforma, enquanto elaboramos uma BH de um aprendiz do terceiro ano, acompanhado por um aprendiz do quarto ano. Não quero confundir o leitor, e a estrutura interna da escola não tem importância, mas é nesta instância que os nossos véus caem: medos, mentiras, deturpações ou crenças. Nossos padecimentos infantis são mais corriqueiros do que acreditávamos.

Durante o segundo ano, somos **testemunhas das BHs** de nossos colegas de curso, ficando abismados pela ordem e pela verdade, que trazem claridade e consciência, sem falsas interpretações, sem juízos de valor, sem defender nenhuma posição.

Terceiro ano

Em cada aula on-line, ao vivo, nos dedicamos a traçar os cenários de infância reais, do ponto de vista da criança que fomos, então elaboramos nossas hipóteses — em um pensamento coletivo — e depois confrontamos essas hipóteses com a adolescência e a juventude do colega que está apresentando sua BH, em uma comunhão de amor e compaixão e dentro de uma intimidade respeitosa e amorosa, como poucas vezes acontece em ambientes de grupo. Cada um de nós — aprendizes de segundo, terceiro e quarto anos, e eu também — é testemunha da força da verdade, dos caminhos que se abrem a favor de cada indivíduo, apenas por observar os cenários completos, por fora dos discursos, das crenças e opiniões, e tocando o ser essencial que vibra dentro de cada um, que estava coberto pelos disfarces que usamos para sobreviver.

O que estamos tentando pensar em conjunto, usando a generosidade de um aprendiz de terceiro ano, que oferece sua própria história de vida para que analisemos? Observamos a figura da mãe, do pai ou de quem quer que tenha criado essa pessoa, e a comparamos com as expectativas que trazíamos — nós, crianças — ao nascer. Não emitimos opiniões. Não julgamos. Apenas olhamos a distância entre o que esperávamos encontrar de acordo com a nossa **natureza original** e o que aconteceu conosco quando ainda dependíamos dos cuidados maternos.

Usamos metáforas e imagens para não nos confundir com o uso excessivo de palavras. Estabelecemos as lógicas dentro de cada cenário e as opções que essa criança, adolescente ou jovem tinha à disposição para transitar o desamor, o desamparo, a violência ou o que quer que tenha acontecido com ele. O aprendiz que está no terceiro ano — e que empresta sua história de vida — o faz em um ato de generosidade para que todos possamos aprender a discernir entre os discursos iludidos e a realidade, e para que dimensionemos o horror, sofrimento ou medo não reconhecidos. É assim que todos colaboramos e geramos uma maior compreensão do comportamento humano, treinando para o ofício de *beagadores*.

Ao finalizar cada ciclo letivo, percebemos que compartilhamos mais ou menos os mesmos sofrimentos, as mesmas armaduras, o mesmo desamparo e os mesmos discursos iludidos. Não temos por que nos envergonhar se estamos dispostos a admitir o que é verdade e o que é discurso. Depois dessas experiências grupais, que acontecem todas as semanas, a cada semana, atesouramos uma poderosa sensação de **fraternidade e solidariedade**, porque nos compreendemos mais. Paralelamente, cada aprendiz continua seu próprio processo individual de biografia humana, para não inundar com suas próprias crenças ou discursos iludidos a biografia humana do outro.

Quarto ano

Já somos menos! Agora sabemos que ainda temos um longo caminho pela frente para compreender a nós mesmos, antes de pretender que os outros mudem. Muitas vezes, algumas pessoas que iniciaram essa formação com o firme propósito de trabalhar com a biografia humana percebem que precisam se compreender mais, diminuir os próprios níveis de violência ou ter mais compaixão com o próximo. Paradoxalmente, outras pessoas, que fizeram esse caminho por curiosidade pessoal ou por acreditar que aprenderiam a educar melhor os filhos, descobrem uma vocação e a vontade de continuar se formando para acompanhar os processos de indagação de outros indivíduos.

Precisamente no quarto ano, os aprendizes são treinados acompanhando — como se fossem *beagadores* — os próprios colegas, com o fim de apresentar em aula uma BH organizada. E para que depois, todos juntos, ampliemos ainda mais o pensamento do grupo.

Nesse ponto, quase todos tiveram a experiência pessoal e grupal de quão **ingrato** e **doloroso** esse trabalho pode ser. Estamos estabelecendo a realidade real vivida quando fomos crianças. Na maioria das vezes, não vamos encontrar nada bonito.

As fantasias de ajudar as mães puérperas com seus bebês continuam sendo válidas, assim como as ilusões de criar espaços de apoio, solidariedade e proximidade entre pessoas que sofrem problemas semelhantes. Tudo isso é muito bom. Qualquer ambiente de encontro é sempre bem-vindo. Mas, se pretendemos vislumbrar a realidade emocional de cada indivíduo, nos depararemos com situações assustadoras.

Quando os aprendizes se dedicam com esmero e compromisso, talvez o maior choque — ao visitar os cenários de infância de seus colegas com a intenção de criar hipóteses, mecanismos de sobrevivência, eliminando os discursos iludidos e organizando as opções concretas desse indivíduo — seja o nível de maus--tratos e sofrimento enfrentados. Pior ainda, a sistematização e a normalização dos maus-tratos, de que todos — em maior ou menor medida — nos originamos. É um "banho de realidade". É uma constatação de que não exagero. Nossa civilização se baseia nos maus-tratos contra crianças. De fato, cada infância vivida é mais uma amostra de quanto estamos acostumados ao desamor e à falta de delicadeza com cada alma infantil.

As aulas semanais em minha escola on-line mantêm um nível de **intimidade, respeito e comprometimento** difícil de encontrar em outros ambientes. Todos nós compartilhamos o desejo de fazer o bem, mas com os pés no chão. Sem nos apegar a fantasias espirituais que muitas vezes são refúgios para que nossas feridas não doam tanto. A intenção de descartar os discursos iludidos, acessar a verdade, organizar realidades afetivas e estabelecer propósitos de vida altruístas nos mantém unidos em uma esperança concreta, apesar dos horrores que testemunhamos. Quem quiser saber mais pode buscar informações no site: <www.lauragutman.com.ar>.

LABORATÓRIO DE PENSAMENTO E PRÁTICAS

Depois da passagem transformadora por minha escola, a biografia humana torna-se um modo de vida. **Vivemos na BH.**

Existe um âmbito — que poderíamos chamar de pós-graduação — em que alguns formados por minha escola atendem outros indivíduos usando o sistema da biografia humana. Depois, cada encontro é supervisionado por mim. Chamamos essa supervisão de "laboratório de pensamento", porque esmiuçamos, refletimos e geramos novas ideias com o objetivo de melhorar a nossa prática diária.

Desse sementeiro saem os futuros *beagadores* de minha equipe. É claro, dou importância ao processo pessoal que desenvolveram ao longo dos anos. **Não me importa a formação profissional anterior.** Quero dizer exatamente isso: não me importa se são médicos, psicólogos, psiquiatras, sociólogos, advogados, arquitetos, professoras, professores de ioga, enfermeiras, buscadores sem rumo, donas de casa, jovens ou velhos, homens ou mulheres, com filhos ou sem filhos, hétero ou homossexuais. Não me importa. Na verdade, **não há nenhum requisito para entrar na minha escola**, exceto a intenção de abrir o coração e comprometer-se emocionalmente.

Valorizo o processo pessoal que cada aprendiz percorreu com base em uma avaliação subjetiva, portanto, crivada de inexatidões e erros. E seguramente inundada de minha própria sombra projetada. Entretanto, até agora não encontrei outra forma de fazê-lo senão continuar caminhando juntos e apostando pela evolução permanente de cada um de nós.

Durante essas experiências, é comum que meus praticantes se encontrem com consultantes difíceis de abordar: cegos, resistentes, sofredores, esquecidos, confusos, negadores, depreciativos, delirantes, enfim, pessoas usando os mecanismos de resgate emocional aprendidos durante a infância.

Nas práticas, aprendemos algo mais, também importante: cada praticante aprende a redigir relatórios, depois de cada encontro, com uma ordem e um modo que vamos aprimorando à medida que transcorrem os processos. De minha parte, também vou ensinando minha maneira de supervisionar, organizar, detectar os cenários reais, então as hipóteses, depois os personagens que lhe deram apoio, o discurso do eu iludido e a busca de imagens que coincidam com as vivências internas. Vamos fazendo um acompanhamento bastante detalhado de cada encontro. É muito trabalho e dedicação.

As práticas costumam ser árduas. É um encontro brutal com a realidade. Ou, mais especificamente, com o buraco emocional abismal da maioria das pessoas que atendemos. Meu compromisso continua sendo muito dedicado e pessoal. Cada praticante enfrenta suas limitações, medos, dificuldades, sua própria ingenuidade e sua sombra. Definitivamente, cada um se encontra com os indivíduos que lhe correspondem.

Desse sementeiro de práticas e pensamento, de tempos em tempos escolho um profissional para integrar minha equipe de trabalho. Cada ano é diferente. Alguns *beagadores* preferem seguir seu próprio caminho, utilizando o que aprenderam para exercer suas diversas profissões. Outros têm o sonho de trabalhar em minha equipe. E, no caso de serem admitidos, começa outra viagem, mas não vou aborrecer o leitor com mais explicações.

MINHA EQUIPE

Minha equipe de *beagadores* está em movimento contínuo, conservando algo muito particular que a torna especialmente rica. Todos conhecemos as biografias humanas de todos e os processos que fizemos para chegar ao lugar em que estamos hoje. Portanto, quando nos defrontamos com uma dificuldade qualquer em relação a um consultante, todos participamos para nos apoiar, incluindo o jogo de luz e sombra do *beagador*.

Por último, quero contar a vocês algo mais: os *beagadores* que trabalham em minha equipe não deixam de se surpreender com **quão ingrato** pode ser esse trabalho. Há poucos momentos gratificantes e muitos, muitíssimos, nos quais ficamos submetidos a maus-tratos, manipulações, falta de pagamento, falta de compromisso, pretensões desmedidas, exigência de resultados e zangas projetadas. Sabendo que viemos das histórias que viemos, é lógico que seja assim.

Somos uma massa de crianças desamparadas querendo que alguém atenda todas as nossas necessidades passadas. Necessidades infantis impossíveis de satisfazer, façamos o que façamos. Por isso, para além dos ideais de querer um mundo mais amável, o trabalho de **busca da própria sombra é duro**. Ter um bebê nos braços pode ser doce. Mas enfrentar a aridez da própria infância é complicado.

Também gostaria de contar a vocês — de um ponto de vista estritamente pessoal, já que isso parece uma longa confissão — que venho dedicando longos anos e muitíssimo esforço para formar profissionais. Muitos deles, de quem gosto, a quem defendo, conheço e apoio, depois de alguns anos, decidem deixar a instituição. Por cansaço. Porque se exige demais deles. Porque é muito mais ingrato na experiência real do que imaginaram, mesmo tendo ouvido minhas advertências. No caso das mulheres, porque ficaram grávidas. Porque sentem que é excessivo e não conseguem responder à família, por um lado, e às demandas dos consultantes, pelo outro. Ou por motivos que desconheço. A questão é que formar *beagadores* — com meu nível de exigência — exige tempo e dedicação demais, sem nenhum tipo de garantia. Não é uma reclamação, é simplesmente uma descrição da realidade, como a vivo há muitos anos.

ENCONTRAREMOS SOLUÇÕES?

Toda essa explicação tem por finalidade que meus leitores saibam que **este livro não trata da criação de filhos**. Trata de cada um de nós, de nossa infância e, sobretudo, de tudo aquilo que **não lem-**

bramos sobre a nossa infância, mas que move os fios da totalidade de nossa vida. Este é um livro para nos compreendermos mais.

Todos nós — nascidos em uma civilização patriarcal, em que o cuidado e o amor realmente não têm espaço — vivemos infâncias desprotegidas, submetidos a ordens repressivas burras, e dependentes de mães por sua vez submetidas a seus próprios medos e rigidezes afetivas. Assim crescemos: muito necessitados de cuidados. Então, quando viramos adultos e temos problemas, da ordem que sejam, pretendemos que alguém os resolva para nós (como se fôssemos crianças). Por isso somos tão viciados em soluções mágicas. Esperamos até que alguém nos diga exatamente o que devemos fazer, supondo que, se fizermos "isso", solucionaremos os problemas. Obviamente, esse pensamento é tão infantil que não merece maiores explicações. Entretanto, ainda hoje, com muitos livros publicados, continuamos recebendo em nossas redes sociais centenas de pedidos de soluções por dia.

Não é preciso dizer que, pessoalmente, essas mensagens me frustram. Sobretudo quando alguém começa escrevendo: "Prezada Laura, sou uma admiradora fiel, li todos os seus livros, por isso sei que só você pode me ajudar", depois explica o problema, por exemplo: "Meu marido não é carinhoso com nosso filho" e pede uma solução, a saber: "Você não acha que meu marido deveria mudar de atitude, mesmo que não tenha recebido amor quando criança?"

Como vocês podem imaginar, eu deveria responder: "Como eu posso saber do que você precisa, do que seu marido precisa ou do que seu filho precisa? O ideal seria que você investigasse". Porém, tentamos ser amáveis, respondendo de forma cordial, mas definitivamente sem a resposta que a pessoa esperava.

Em todos os meus livros escrevi sobre a necessidade de rever a própria história, em alguns deles desenvolvi mais a metodologia da organização da biografia humana (sobretudo no livro *A biografia humana*), entretanto, **nossa sombra é mais forte**. Nossa necessidade de ser amados, levados em consideração, ninados, abraçados... é mais forte. Por isso preferimos, em todo caso, uma palavra de alento... que será mais cálida do que **a fria proposta de rever o deserto emocional que nos constitui.** Definitivamente, esta é uma advertência. Este livro pretende ser **uma aproximação à nossa árida realidade emocional. Não traz receitas para criar bebês sadios e felizes**. E, se para alguém parece que sou muito dura, só tenho a dizer que dura é a nossa vida. Dura é a vida dos bebês. Dura é a vida das crianças. Áridas são as realidades emocionais e os vazios afetivos da maioria de nós. A mim coube apenas trazer essas vozes.

1. Alguém nomeia o que acontece

A CONSCIÊNCIA SE LEMBRA DO QUE É NOMEADO

Assim que nascemos — às vezes até antes — nossa mãe determina "como somos". Isso é fácil de descobrir já na cena do parto. Nossa mãe diz: "Como a Catarina é tranquila, nada a ver com o Tiago, que era muito agitado". Misteriosamente, já nos coube o personagem de "calma e boa". Ou vice-versa. Mas, de qualquer forma, já há palavras que nomeiam como somos, mesmo que ainda não tenhamos tido tempo de nos manifestar. Isso acontece porque os seres humanos podem chegar ao entendimento por meio de comparações. Algo é belo porque existe o feio; algo é grande porque existe o pequeno; o masculino é o que é em relação ao feminino; luz e sombra; dia e noite. Os polos opostos nos permitem **discernir**. Portanto, compreender. Da mesma forma, quando nos tornamos mães, nomeamos alguma coisa em relação ao bebê, em relação a outra coisa conhecida, comparando-o com o semelhante, o parecido ou o totalmente oposto. Só então ficamos tranquilas, sabendo que "isso" se encaixou na estante correspondente.

O fato é que desde o início **alguém nomeia** como somos, o que nos acontece ou o que desejamos. Isso que o adulto nomeia (geralmente a mãe) costuma ser uma projeção de si mesmo sobre cada filho. Diremos que é caprichoso ou chorão, muito demandante, exigente, silencioso, tímido, cabeça-dura, divertido, mal-humorado ou atrevido. É verdade? Para a mãe, sim, porque tudo depende do ponto de vista do qual observamos. Do ponto de vista da criança, ela simplesmente chora porque quer companhia, mas os adultos interpretam que chora mais do que nossa paciência aguenta. Então dizemos: "É chorão e manhoso". Possivelmente a criança precisa desesperadamente ser compreendida e atendida, carregada nos braços e ninada, mas nós, pais, deturpamos "o que acontece com ela", **opinando** que é uma criança insistente demais ou que não se contenta com o que tem.

É dessa forma que **acontece algo à criança, mas isso é nomeado com base na interpretação do que acontece a outra pessoa**. Simplesmente porque quando somos crianças **ainda não temos palavras para dar nome ao que nos acontece**. Pouco a pouco, para cada experiência pessoal, escutamos e assumimos um "nome" emprestado. Por exemplo: "Sou terrível, e se sou terrível não raciocino. Sou passional, não penso e erro com frequência, tudo por não pensar". É verdade? Um pouco talvez sim, é possível que eu seja uma criança insistente e mostre tanta vitalidade que ninguém consiga deixar de me ouvir, mas também é provável que seja uma reação desesperada em busca de amor, ainda que **ninguém tenha nomeado essa impaciente necessidade de me sentir amado**.

É importante saber que, desde o princípio, quando parece que as cartas ainda não foram jogadas, já estamos posicionando, por meio das palavras nomeadas pelos adultos, como se organizarão os papéis em determinado esquema familiar. Por um lado, vamos acumulando uma quantidade de experiências vitais, sejam agradáveis, difíceis, complexas, harmoniosas, hostis ou confortáveis. E, por outro, vão os "títulos", nomeados pelos adultos.

É fundamental lembrar que, **para a consciência, é mais importante o que se nomeia do que o que acontece**. Ou, para dizer de outro modo: podemos **não lembrar** o que realmente acontece.

Mas mais evidente ainda é que **algo que não aconteceu**, mas que mesmo assim alguém **se ocupou de nomear**, pode ser organizado pela consciência em **uma lembrança confiável**. Parece estranho, mas funcionamos assim.

De fato, muitas experiências reais que nos aconteceram durante a infância **não foram nomeadas**, portanto **não existem para a consciência**. É mais fácil declarar que **não nos lembramos delas**. Por exemplo, suponhamos que nos dedicamos a cuidar de nossa mãe e de nossos irmãos menores, porque nossa mãe priorizava os cuidados de sua própria mãe doente. Nesse caso, ninguém nunca nomeou a falta de cuidados e atenção em relação a nosso ser criança. Hoje em dia, podemos recordar com riqueza de detalhes todos os infortúnios de nossa mãe, já que ela se ocupou de **relatá-los** ao longo dos anos. Mas curiosamente nossa mãe não sabia nada de nós, nem de nossos sofrimentos secretos ocorridos em nossa infância. Nesses casos, nossa mãe dizia quão bons e responsáveis fomos, **mas ninguém nomeou nossas carências ou necessidades não satisfeitas, nem a sensação de não sermos merecedores de cuidados, nem a infância roubada, coisa que arrastamos desde então ao longo da vida**.

De acordo com nossas lembranças conscientes, éramos crianças boas, educadas, brilhantes na escola, sem conflitos e diligentes. Quero dizer, vamos incorporando uma **interpretação** sobre nossas atitudes ou ações concretas que podem estar bem **afastadas da realidade emocional**. No caso desse exemplo, a consciência não reconhece nada relativo ao desamparo nem às necessidades da criança que fomos. Só "sistematiza" que éramos bons e que a mamãe tinha muitos problemas.

Significa que vamos organizar na consciência — portanto, nas lembranças — apenas uma parte do que acontecia, mas que **não reflete toda a verdade**. Depois, vamos continuar pensando, sentindo e interpretando a vida de um ponto de vista emprestado — habitualmente o ponto de vista de **mamãe**. E continuaremos alinhando nossas ideias e nossos preconceitos em relação direta com o ponto de vista de nossa mãe. Desse discurso materno dependerá se vamos nos considerar bons ou muito ruins, se acreditamos que somos generosos, inteligentes ou bobos, se somos astutos, fracos ou preguiçosos. É importante notar que essas definições são semelhantes ao que disseram incansavelmente papai e mamãe durante nossa infância.

Aqui temos um problema significativo. Dissemos que **a consciência só recorda o que é nomeado**. Isso evidencia que, **se nos acontece algo que ninguém nomeia, não recordaremos**. Por exemplo, podemos ter padecido de abusos sexuais durante nossa infância. Obviamente ninguém disse nada, em princípio porque todos os adultos que havia ao redor olhavam para o outro lado. Ninguém nunca disse: "Estão abusando de você e isso é um horror". Ao contrário, o que se disse é: "Mamãe tem muitos problemas e não se deve fazer nada para preocupá-la ainda mais". Ou então: "Isso é um segredo, você tem sorte porque te amo, você é a criança mais doce do universo e por isso foi escolhida". Portanto, até mesmo se nos aconteceu algo bem concreto, doloroso, sofrido, triste ou ofensivo, **a consciência não lembrará**. Porque não houve **palavras** para nomear o horror. Então tampouco houve uma "organização" do pensamento. Não foi possível "acomodá-lo" em nenhuma estante mental nem emocional. Aconteceu algo conosco, mas é como se nunca tivesse acontecido. Podemos ter sensações enevoadas ou confusas, mas **não lembranças concretas**. Então crescemos e, como ninguém nomeou "isso" e nós mesmos, sendo crianças, também não saberíamos "com que palavras explicar", "isso" deixou de existir.

Pode parecer inverossímil... mas é comum e frequente. **Podemos ter vivido algo e não lembrar**. E, ao contrário, podemos não ter vivido algo e, no entanto, **se foi nomeado** por alguém importante durante nossa infância, **lembrar disso como se fosse uma verdade inquestionável.**

A CONSTITUIÇÃO DO PERSONAGEM

Dizíamos que, assim que nascemos, temos uma mãe que nos observa e **nos nomeia**. Essa mãe, projetando sua própria percepção, vai escolher palavras para nos descrever. Vai decretar uma série de atributos, que vão coincidir com algumas de nossas manifestações. Por exemplo, se choramos — coisa totalmente esperada de um bebê humano, que reclama contato, atenção, olhar, presença ou o que for —, podemos nos tornar um "chorão", se choramos mais do que nossa mãe tolera. Ou "tranquilo", se temos irmãos mais velhos que choraram mais energicamente do que nós. O choro pode ser uma realidade, mas a percepção que a mãe tem "disso" que fazemos vai lhe permitir "nos nomear" com algum adjetivo que a tranquilize.

Reconheçamos que, em todo palco familiar, serão encenadas diferentes cenas, como se fossem peças de teatro. Cada vez que um novo integrante chega à família, os pais procuram dentro do baú de disfarces algum que acreditam que possa lhe servir bem, e o vestem. É como um jogo inconsciente que jogamos entre todos. Nesse baú há disfarces de todo tipo: a cinderela, o cavalheiro, a bruxa, a má, o caçador, a bela adormecida, o lobo, os anõezinhos, a madrasta, o salvador, deus, os anjos, as flores do bosque, o guerreiro, a virgem, a donzela, o pão-duro, o chefe etc. É interessante notar que em geral daremos à criança recém-chegada um disfarce que esteja disponível. Raramente oferecemos a ela um que já seja muito usado na família.

No entanto, é pertinente pensar que há "algo" especial que cada criança traz? Por acaso a personalidade da criança não tem importância? É possível imaginar que a criança escolhe seu disfarce? Sim, claro, isso **também** acontece. As mães percebem a força, a vitalidade, a temperança, o equilíbrio ou a sensibilidade que a criança traz consigo. Trata-se de uma trama energética difícil de detectar, porque quase todas as percepções são sutis e todos reagimos no automático, também carregando nossos próprios disfarces.

Seja como for, acontece. Decidimos que esta criança será a salvadora de agora para sempre. A quem ela tem de salvar? Logo veremos. Por ora, nos ocuparemos de dizer a torto e a direito que essa criança é especial, que traz um pão debaixo do braço, ou seja, prenuncia a fartura. Ou então diremos que é indomável e não parece alguém digno de nossa família. Ou que é uma menina tão boa, tão boa, tão boa... que não dá nenhum trabalho e dorme tanto que quase se poderia criar sozinha.

É assim que cobrimos cada criança com seu disfarce. Dificilmente teremos mais tarde lembranças exatas em relação ao momento preciso em que o conferimos. Não bastasse isso, uma vez que a criança vestiu o disfarce de cavaleiro, de valente, de tímido, de sensível ou de travesso, automaticamente, continuaremos olhando-a com seu personagem colocado, porque nunca averiguamos como era essa criança em essência. Então algo mais acontece: tudo que a criança escuta de si mesma, positiva ou negativamente, tem relação com o **personagem que encarna**, e assim, em sua necessidade desesperada de ser amada, a criança tentará ser o mais valente dos valentes, a mais bela das belas ou o mais doente dos doentes. Por quê? Porque se nós, adultos, ao nos vincularmos a ela, olharmos seu personagem, então para ser registrada e valorizada ela terá de exibir seu disfarce a fim de ser a melhor de todos.

Assim passarão os anos. Nós, crianças, cresceremos e teremos pouco registro interior de algo que seja diferente do personagem que encarnamos. Acreditaremos que "somos" isso. E também acontece algo mais complexo: como pertencemos a uma trama familiar, nosso personagem tem vários papéis que devem ser cumpridos, porque fazem parte do cenário completo. Isso obrigará os demais a que também desempenhem seus respectivos personagens com facilidade. Podemos dizer que estamos "todos prisioneiros" do personagem que nos coube e que então nos dedicamos a aperfeiçoá-lo.

Se me coube ser o salvador da mamãe, é porque nossa mãe será a mais doente e necessitada de todos. Acreditando que sou o que sabe ajudar, crescerei ajudando e resolvendo os problemas de todo mundo, mas sem nenhum registro de minhas necessidades infantis. Isso é ruim? Se tenho 6 anos, ou 9 ou 12, claro que é muito ruim. Porque, sendo criança, ninguém nomeará minhas legítimas necessidades infantis, mas todos os adultos se ocuparão de reforçar a roupa de salvador, para que meu papel se encaixe perfeitamente na cena familiar completa. A partir desse instante me perdi de mim mesmo. Não tive acesso ao apoio ou ao acompanhamento para transitar os obstáculos próprios de minha infância, dos quais não tive registro algum. E se não reconheço o que acontece comigo interiormente, não saberei quem sou.

Todos os personagens têm a mesma desvantagem: valorizam a capacidade de representar um papel, mas esse papel pode estar muito distante de nosso ser essencial. Nosso "ser interior" é muito mais rico, mais vasto e, sobretudo, mais ambivalente. Ao contrário, cada personagem desempenha ao máximo seus atributos, porque os demais já são desempenhados por outros membros da família.

Por exemplo, o lobo que come a avozinha no conto da Chapeuzinho Vermelho não pode ser bom, porque deixaria de ser lobo. Mas, se não estivesse disfarçado, se fosse uma pessoa comum e corriqueira, poderia ser bom às vezes, às vezes ruim ou até indiferente em outras. Essa é a grande diferença entre viver alinhado à nossa própria natureza e responder a um personagem determinado.

Seguindo essa lógica, se uma criança se torna o lobo mau da família, se acostumará a reagir como lobo, encontrando as vantagens que esse personagem oferece: por exemplo, conseguirá que todos tenham medo dela. Se essa criança vive em um ambiente de relativo desamparo — como quase todos nós —, o medo será seu pior inimigo. Mas se os demais têm medo dela, já está mais bem posicionada, provando os benefícios que essa atitude lhe outorga. Uma vez que constata os bons resultados — ou seja, que alguém tem medo dela e, portanto, não a machuca —, compreenderá que pode fazer uso de uma ferramenta eficaz contra seu próprio medo. Então continuará usando-a cada vez mais. À medida que vai acumulando experiências, a criança vai exibir seu disfarce, ou seja, tentará desempenhar seu papel cada vez melhor. Será o mais malvado. Rugirá cada vez mais forte. Dominará territórios e se tornará um jovem feroz. A partir dessa construção inconsciente e invisível, continuará fortalecendo seu personagem, podendo alcançar um alto nível de crueldade. Pode se tornar um homem espancador ou um homem de negócios temerário, que vive o trabalho como um campo de batalha infestado de inimigos. Possivelmente ganhe a maioria de suas batalhas. Porém sofrerá ataques de pânico, ou gastrites, ou o que for, já que nem sequer se lembra de que continua sendo uma criança assustada e ferida que só pretende se defender de seu próprio medo infantil. E que por isso mesmo usa seu disfarce permanentemente, não tira nem para dormir.

Os personagens que assumimos ao longo da vida são nosso principal refúgio. Foi graças à nossa inteligência emocional que conseguimos organizar um mecanismo que nos permitiu sobreviver aos maus-tratos, à violência, ao abuso, à solidão, ou ao que quer que nos tenha acontecido durante a infância. Cada personagem nos ofereceu alguns benefícios quando fomos crianças. O "mau", por exemplo, garante que ninguém nos machucará, porque atacaremos primeiro. Outros personagens funcionam da mesma forma: ao eterno doente ninguém pede nada. O depressivo crônico tem um harém a se ocupar dele. O que "não sabe de nada" vive em uma bolha sem contato com a realidade, obrigando os demais a se encarregar de tudo. O onipotente manipula os fios e assume o poder. O manipulador não só rouba o que pertence aos outros como também é admirado por aqueles a quem enganou. Enfim, há milhares de personagens possíveis, só quero deixar claro que o personagem costuma ser **o melhor recurso para sobreviver ao desamor e ao desamparo** quando fomos crianças.

Os atributos de cada personagem nos permitiram suportar a violência, a incompreensão de nossos pais, a solidão, o autoritarismo ou as exigências desmedidas que enfrentávamos na infância. O personagem que adotamos não nos abandona. Cuida de nós. Permite-nos transitar pela vida com certos recursos.

Por que não viver tranquilos, então, com o personagem nas costas, para sempre? O problema é que uma coisa é **ser criança**, e outra coisa é **ser adulto**.

O personagem foi útil quando dependíamos — em todas as áreas — de quem nos criou. Mas quando nos tornamos adultos, se continuamos mergulhados nesses mecanismos de sobrevivência, ainda estaremos nos defendendo e lambendo nossas feridas em vez de estabelecer um propósito de vida e aprender a **amar ao próximo**, mesmo se não recebemos essa corrente de amor no passado.

Nosso ser essencial faz força para **aparecer**. Podemos afirmar que nosso **verdadeiro ser** ou nosso **eu autêntico** é muito mais amplo, rico e complexo que o personagem. De qualquer maneira, espontaneamente, ninguém quer deixar seu personagem de lado. No entanto — sobretudo em momentos críticos —, vai deixar em descoberto as limitações que cada personagem tem.

Por exemplo, no meio de um divórcio, o "mau" pretende ser levado em conta e compreendido, coisa que raramente esse personagem obterá. O valente pretende não ser mais ferido, mas, se vive em meio a batalhas inglórias, também não será possível. O enfermo crônico não quer ficar mais doente, mas, se for esta a única maneira que ele conhece de receber carinho, não se arriscará.

Há momentos na vida em que o personagem não nos serve mais. De fato, quando sentimos que precisamos nos desprender de nosso personagem, buscaremos ajuda para isso. Mas, enquanto o personagem continuar nos parecendo confortável, e enquanto obtivermos mais benefícios do que o contrário, é pouco provável que façamos mudanças substanciais em nossa vida.

Isso é importante. Sobretudo para nós, que trabalhamos acompanhando processos pessoais como a biografia humana. Os terapeutas de todas as áreas, os médicos e curadores, temos a intenção genuína de ajudar outras pessoas para que deixem de sofrer. No entanto, do meu ponto de vista, necessitamos antes de tudo compreender — junto com quem nos consulta — a lógica e os **benefícios do personagem** que cada indivíduo assume em sua mais tenra infância, e saber se chegou o momento adequado de nos livrarmos dos benefícios que ele nos traz. Se não é o caso, é possível que a pessoa pretenda "não sofrer mais", mas sem deixar seu personagem de lado. Sendo assim, a ajuda que podemos dar a ela será praticamente nula. Por quê? Porque se alguma situação, vínculo, acontecimento ou trama familiar nos traz sofrimento, teremos de modificar aquilo que nós tivermos feito, contribuindo para organizá-la com nosso personagem nas costas. Isso só será possível se compreendermos **a lógica** de nossas ações.

Por exemplo, suponhamos que encarnamos o lobo mau e acontece algo na família que os demais escondem de nós, com medo de que nos zanguemos. Quando ficamos sabendo, sentimos que fomos excluídos, que não fomos levados em consideração, porque não fomos partícipes. Poderemos rugir com vigor ou castigar os demais por não terem nos explicitado o que acontecia. No entanto, é evidente que esconderam os fatos de nós, justamente porque encarnamos o grande lobo feroz em cólera. Se quisermos participar mais dos intercâmbios familiares, será necessário que deixem de ter medo de nós. Mas o que pode acontecer se deixamos nossas fúrias e aparecemos mais dóceis? Em parte, é provável que nos tenham mais em conta sobre os avatares familiares, e por outro lado, alguém poderá nos machucar, pois seremos mais acessíveis. Então aparece uma grande contradição entre os anseios aparentes e os automatismos infantis: estamos dispostos a abandonar os benefícios que os personagens nos oferecem, como refúgios emocionais? Estamos prontos para que os demais percebam nossa vulnerabilidade?

Claro que se trata de decisões pessoais, que abordamos no transcurso do processo da biografia humana, uma vez que já organizamos com clareza os cenários, os personagens, os sistemas de vida, os vínculos, os propósitos de vida etc.

Possivelmente depende do equilíbrio entre benefícios e desvantagens. Se chegamos a um momento na vida em que o personagem caiu em desuso, possivelmente estejamos mais bem posicionados para ir deixando-o pouco a pouco. Sobretudo quando estamos decidindo viver em favor do benefício dos demais, não tanto do próprio.

Diante desses desafios, a boa vontade é imprescindível, mas não é suficiente. Quase nunca deixamos de lado o refúgio que nos resguardou emocionalmente durante tantos anos. Reconhecê-lo é o primeiro passo. Registrar como age em cada uma das cenas cotidianas, o segundo. Tomar a decisão de ser responsáveis pelo que geramos, positiva ou negativamente, é o terceiro. Então aparece um quarto passo, que pode durar pelo resto da vida, tentando transformar nossos automatismos, buscando entrar em ação a partir de lugares mais conscientes. Isso requer um treinamento cotidiano. Adiante retomaremos as opções para ir desarmando nossos personagens. Por ora, é importante ter claro que todos temos um, sendo seus cuidadores mais fiéis.

EU ME SINTO AMADO OU AMAM O MEU PERSONAGEM?

Outra grande dificuldade que surge quando desejamos transmutar e deixar de lado nosso refúgio infantil é que fomos amados e somos hoje identificados e valorizados na medida em que atuemos com nosso personagem à perfeição. Todos fazemos parte de cenas nas quais muitos personagens interagem, e necessitamos uns dos outros para cumprir nossos papéis.

Portanto, deixar de lado o personagem não é tão fácil, principalmente porque não sabemos outra forma de fazer que as pessoas nos reconheçam, ou gostem de nós. Por exemplo, se assumimos o personagem que cuida dos necessitados (porque atendemos e ainda cuidamos de nossa mãe eternamente fraca), no dia em que tivermos um obstáculo e pretendamos obter apoio, ajuda ou companhia, as pessoas à nossa volta não compreenderão nossas demandas. Todos estarão desorientados. Inclusive ofendidos. Com frequência, cerrarão fileiras, obrigando-nos a continuar cumprindo não só com nosso papel, mas com os acordos vinculares que havíamos estabelecido antes.

Tendemos a reagir de maneira automática aos modelos conhecidos; por isso, diante do menor obstáculo ou incompreensão por parte de uma pessoa significativa para nós, voltamos a funcionar segundo nosso esquema habitual. Costumamos encaixar na trama completa, então, quando um personagem não cumpre seu papel, todos os demais se desorganizam e exigem que as coisas voltem a seu fluxo normal.

Por exemplo, se historicamente assumimos o personagem da irmã mais nova infantilizada e alheia aos conflitos familiares, submersa em fantasias e com pouco contato com a realidade, o dia em que decidirmos assumir as consequências de nossos movimentos e ter incumbência nas decisões familiares, talvez a trama tenda a desprestigiar nossos movimentos.

Vamos supor que temos dois filhos pequenos e visitamos todos os domingos a casa de nossos pais, onde historicamente nos reunimos com nossos irmãos, cunhados e sobrinhos. Vamos supor, ainda, que um desses sobrinhos abusa de nosso filho. Diante de uma crise dessas dimensões, pedimos ajuda. Iniciamos um processo de questionamento pessoal. Revemos nossos cenários, a entrega de nossa própria mãe, os abusos históricos, as mentiras e os ocultamentos. Depois registramos nossos refúgios infantis, submetendo-nos a fantasias distantes da realidade, vivendo de maneira mais confortável em ilusões. Aos poucos, vamos compreendendo a trama completa: os discursos iludidos, as crenças compartilhadas, os personagens de nossos irmãos etc. Ao constatar esses níveis de horror, decidimos amadurecer. Decidimos ver tudo que havíamos nos negado a ver ao longo de nossa vida, fiéis ao nosso personagem. Mas, agora, diante do abuso sofrido pelo nosso filho, esse personagem de ingênua eterna que distorce a realidade nos machuca e machuca nosso filho. Não temos outra opção senão observar de olhos bem abertos, não apenas a complexa situação afetiva de nosso sobrinho, mas a de toda a família à qual pertencemos. Continuamos pedindo mais ajuda, investigando em nossa biografia humana da maneira mais honesta possível. Ao repassar a história de nossa vida, ficamos surpresos pela falta total de lembranças, provavelmente porque já havíamos assumido o papel da menina boa que não tomava conhecimento de nada. Pouco a pouco, constatamos nossa responsabilidade, acomodando-nos na negação sistemática de toda evidência. Observamos o funcionamento de nossos pais. Observamos a nós mesmos, movendo-nos na escuridão. E acontece que, quando começamos a ver, não podemos deixar de ver. Dói. Choramos. Aparecem lembranças em cascatas. Ficamos confusos. Em alguns momentos, a realidade se reflete em um manto cristalino. Organizamos os enganos e os discursos duplos que marcaram nossa infância. Admitimos as mentiras óbvias. Aceitamos a doce ingenuidade na qual decidimos nos proteger. Contemplamos a comodidade de negar o que era óbvio. Distinguimos os maus-tratos e abusos emocionais permanentes em nossa família. Lembramos de nossa mãe queixando-se de nosso pai. Sentimos compaixão pelo nosso irmão mais velho na reabilitação por consumo de drogas. Vemos a nós mesmas encerradas em um conto de fadas. Lembramos da casinha de madeira cor-de-rosa onde passávamos as tardes com nossas bonecas. Revivemos as cenas de nossa irmã mais velha brigando com nossos pais e saindo de casa. Vemos a nós mesmas brincando, ainda com 15 anos. Ficam mais claras as cenas de nossos pais acusando-se mutuamente e nós desejando não saber o que acontecia. E observamos, agora, o nosso próprio filho abusado. Então, com valentia e determinação, decidimos tirar as vendas de nossos olhos e confrontar o que acontece. Nossa família parece se unir contra nós e nos acusa de ter enlouquecido. Em alguns momentos, pensamos que, talvez, enlouquecemos. Éramos tão boas e tão sorridentes, e agora o espelho da realidade nos devolve outra coisa.

 Como saber se isso que registramos agora é verdade? Porque **encaixa**. Porque aparecem cada vez mais lembranças de infância que, até o momento, nunca tinham surgido em nossa consciência. E as peças do quebra-cabeças emocional se inserem com uma facilidade extraordinária. Então continuam emergindo mais e mais lembranças em cascata. Alguém — talvez o *beagador* — coloca palavras e nomes em situações que nunca haviam sido nomeadas. Decidimos que não queremos continuar sendo a menina ingênua e tonta. Já não é por nós, é por nosso filho. Quando virmos e nomearmos aquilo que vemos, nosso filho se sentirá seguro, portanto, não voltará a se submeter a experiências de humilhação. Ao contrário, se continuarmos minimizando, deturpando ou justificando as incongruências, nosso filho estará em perigo. Talvez sofra terrores noturnos. Esses gritos na escuridão irão nos lembrar de que não se pode voltar atrás, de que a personagem de menininha boba pode ter sido um excelente refúgio durante a nossa infância, mas agora nos converte em uma predadora. É claro, se decidirmos sair do refúgio da ingenuidade, talvez tenhamos de pagar o preço do **desamor**.

Assim, chegamos a um ponto importante. Quando estamos em condições de abandonar o personagem — ao constatar que não nos serve mais —, o maior medo é o de não sermos amados, porque já não reagimos mais às expectativas dos outros — especialmente de nossa mãe, tanto a real quanto a interna. No entanto, trata-se de uma ilusão. Porque **antes** — quando desempenhávamos nosso papel — **também não fomos amados**. Éramos funcionais ou necessários, mas ter sido amados teria sido outra coisa. O medo de perder algo que de qualquer forma não tivemos é um equívoco. No entanto, age em nossas crenças quando estamos a ponto de dar o temido **salto** entre o personagem conhecido e as infinitas possibilidades que **um estado de consciência mais amplo** pode oferecer.

No exemplo escolhido anteriormente, a trama não havia permitido que houvesse denunciantes dos maus-tratos, do desamor, do abandono ou do que tiver acontecido. Ou talvez esses papéis já tivessem sido ocupados pelos irmãos mais velhos, então os pais podem ter vestido a filha caçula de boneca para consolidar suas próprias fantasias de família feliz. E funcionou... enquanto funcionou. Poderiam ter continuado cada um com seus respectivos papéis? Sim, é claro. No entanto, alguma coisa aconteceu para que o personagem da menina bonita tenha deixado de ser tão cômodo para a mulher que usava o disfarce.

Esses movimentos — se acontecem — não dependem do amor, mas do medo de cada um dos envolvidos. Quando adquirimos maturidade suficiente para nos atrevermos a abandonar nossos personagens — compreendendo que foram refúgios necessários quando fomos crianças, mas não é verdade que nos protegem sendo adultos —, não perdemos nada no terreno do amor. A realidade simplesmente aparece, nua e crua.

QUANTO MAIOR O DESAMPARO EMOCIONAL, MAIS REFÚGIO NO PERSONAGEM QUE CONFERE IDENTIDADE

Se falamos de refúgio, implicitamente estamos falando também de fragilidade. Ou de nossa infância. Porque todas as crianças são dependentes, em todas as áreas.

Quando somos crianças, dependemos física, afetiva e economicamente de nossos pais. Não há praticamente nada que possamos resolver por nossos próprios meios sem a colaboração dos adultos. Por isso, as experiências que obtivemos de amparo ou, ao contrário, de vários níveis de solidão, desamparo, distância afetiva, violência ou maus-tratos quando fomos crianças vão articular o tipo de refúgio que teremos de construir, da maneira que conseguirmos, para sobreviver. Esses refúgios são emocionais. E assumem uma forma específica por meio da qual nossos personagens se organizam para o vínculo com nós mesmos e com o nosso meio. Não há personagens mais importantes ou mais robustos do que outros. Por exemplo, se encarnamos o papel do doente crônico, para além das aparências, podemos nos converter na figura mais poderosa de toda a família — mantendo um monte de indivíduos apreensivos com sua doença. Ainda que habitualmente suponhamos que o valente ou o empresário de sucesso são mais poderosos do que o cardíaco para quem não se deve levar más notícias, porque corremos o risco de que tenha um infarto. Cada personagem tem seus próprios mecanismos aprimorados, e como viemos de infâncias de desamparo e dor, nos apegamos a eles vigorosamente.

Poderíamos dizer que **quanto maior o desamparo durante nossa infância** (tenhamos consciência disso ou não), **mais arraigado será nosso personagem**. É lógico que não queremos nos desfazer da única coisa que nos deu segurança. O personagem foi nosso cuidador mais fiel. Ele nos ofereceu a maior proteção visível e invisível que pudemos esperar.

É importante levar isso em conta, já que, quando iniciamos um processo de amplitude de consciência, repassamos a solidão ou a distância emocional vividas durante nossa infância e detectamos o personagem que nos deu amparo; supomos então que será fácil abandoná-lo. No entanto, se o sofrimento na infância foi pungente, será melhor não ter pressa de nos despedir do personagem. Pelo menos até não ter clareza quanto à dimensão de nosso desenraizamento afetivo no passado.

Consideremos que todas as crianças necessitam ser amadas. Poucas vezes toleramos reconhecer que isso não aconteceu tal qual desejávamos. Mas se o conforto ou a ilusão de ser finalmente amados vem associado ao que o nosso personagem "faz", ele será a nossa melhor ferramenta para nos sentirmos bem.

Suponhamos que vestimos o personagem do resolutivo e eficiente. No seio familiar, fomos capazes de solucionar um problema complicado de herança com apenas 18 anos. Então continuamos sendo quem resolve os trâmites intermináveis da aposentadoria de nossos pais. Também somos quem consegue inscrever nossos sobrinhos na escola em que já não havia vagas disponíveis. Profissionalmente, nos desempenhamos em recursos humanos e dirimimos as diferenças entre empregador e empregados. Somos o "solucionador" de problemas alheios. Sem dúvida, a partir desse posicionamento, é fácil perceber que seremos admirados, queridos e valorizados... **desde que continuemos resolvendo problemas**.

Muito bem, suponhamos que nos apaixonamos por uma mulher. Por quem seremos capazes de nos apaixonar? Obviamente, por alguém que tenha muitos conflitos a resolver. Essa donzela em apuros estará deslumbrada por nós, já que a resgataremos das garras de pais atrozes e a levaremos para viver em nosso castelo harmônico. Talvez muitos momentos românticos estejam relacionados com o estresse que nossa bela jovem tenha padecido, em consequência de seus conflitos familiares, e a proteção ulterior que oferecíamos, lançando a ambos em um mar de sensações amorosas. Possivelmente poderíamos viver assim por muitos anos. A bela e o servidor.

Poderia acontecer que o destino se encarregue de nos enviar o mago Merlin que, com um passe de mágica, fará chegar à nossa vida um problema que não sejamos capazes de solucionar por nossos próprios meios. Imaginemos que vizinhos importunos e agressivos se mudaram, com três cachorros que latem sem parar durante a noite. Sem dúvida, tentamos chegar a um acordo com eles, mas foi inútil. Fizemos as denúncias correspondentes aos órgãos oficiais, mas isso também não funcionou. Por outro lado, em nosso meio não vai aparecer ninguém com algum recurso inovador, nem sequer para pensar em como encontrar uma solução viável para o conflito. Estamos sozinhos, carregando nosso personagem — o que resolve tudo — ferido. Não só não sabemos a quem pedir ajuda, mas em nosso meio encontraremos desprezo e falta de consideração por nossa inoperância. Nos contratos interfamiliares não havíamos estabelecido que alguma vez poderíamos necessitar apoio. Se pedimos ajuda, estamos desobedecendo às regras dos acordos implícitos. Portanto, em meio a nosso próprio modo automático de dar um jeito nas coisas e os automatismos das pessoas à nossa volta — que também acreditam que somos quem resolve os assuntos pendentes —, será difícil tirar o disfarce. Em especial se sentimos que estamos perdendo o amor de quem supostamente nos ama. Eis aqui um erro frequente: acreditar que na medida em que continuemos sendo utilitários ao nosso personagem todos irão nos amar. No entanto, ninguém irá nos amar — nem antes nem agora —, porque o amor condicional não é amor.

2. O discurso materno

DETECTAR O DISCURSO MATERNO

Quando tentamos acompanhar um processo de questionamento pessoal, por meio da biografia humana, e para isso fazemos perguntas pontuais sobre a infância do indivíduo que nos consulta, nos interessa em primeiro lugar abordar **o nível de "maternagem" que recebeu**. Por quê? Porque a consciência se organiza segundo o amparo ou o desamparo recebido. Então, organiza maior ou menor refúgio. Se recebemos amparo suficiente (coisa difícil de encontrar), as lembranças fluirão com simplicidade. Mas, muito provavelmente, não foi essa a realidade da pessoa. Portanto, as lembranças estarão impregnadas daquilo que **foi nomeado** durante a infância.

De acordo com a minha lógica, quase sempre aparece o **discurso da mãe**.

Por onde começar? Investigando sobre a infância. A resposta mais frequente é: "Bem, foi normal". Na Espanha, a resposta costuma ser: "Fenomenal". Essa informação não nos serve. No entanto, compreendamos que, para todos nós, aquilo que vivemos durante nossa infância é "normal" porque nosso ambiente familiar era todo o universo ao que tínhamos acesso.

Sendo assim, temos de inventar perguntas mais específicas, se possível relacionadas com os cuidados recebidos: Quem te acompanhava na hora de dormir todas as noites? Quem lia uma história? Quem preparava a comida de que você mais gostava?

Quem sabia do que você tinha medo? Quem te levava para a escola? Quem te ajudava quando você tinha algum problema? É possível que não haja nenhuma lembrança — o que em si é um dado — ou que apareçam imagens confusas ou contraditórias. Se não há lembrança alguma, é porque o que aconteceu foi doloroso demais para uma criança pequena, então a criança relega isso "para a sombra". No território sombrio, o desamparo não deixa de existir, mas a consciência se engana, acreditando que exilamos esse sofrimento. Talvez surja alguma lembrança que contradiga outra lembrança. Nesse caso, teremos de afinar nossas percepções, investigar mais a fundo até constatar as contradições e mostrá-las.

Por exemplo, a pessoa não tem lembranças de ninguém que o acompanhasse à escola, pelo contrário, se recorda caminhando sozinha. E voltando sozinha. Ao mesmo tempo aparece a frase: "Mamãe parou de trabalhar quando nasci para cuidar de mim". Então temos de mostrar a lógica: Se você era filho único e sua mãe não trabalhava, por que você ia para a escola sozinho aos 6 anos? Algo não encaixa. Isso é frequente, porque a realidade emocional de uma criança raramente é análoga **ao que a mãe disse**.

Por ora, temos uma criança de 6 anos que vai sozinha para a escola. Podemos perguntar então sobre essa época na escola: Você gostava de ir? Tinha amigos? Lembra-se de alguma professora em particular? É possível que o indivíduo responda: "Eu era muito tímido e tinha medo de um grupo de meninos agressivos". Muito bem. A dúvida seguinte será: Quem sabia que você tinha medo de outros meninos? Aí temos a primeira evidência. A pessoa se dá conta, com seus atuais 40 anos, de que **ninguém** percebia seus sofrimentos. Ir à escola todos os dias com medo, com apenas 6 anos, é uma catástrofe. Isso **se chama desamparo**. Chama-se solidão. Chama-se perigo.

Então, começamos a nomear **a distância** entre **o discurso**: "Mamãe parou de trabalhar para cuidar de mim" e as novas palavras: "Eu era um menino sozinho e com medo". Quero mostrar que já estamos suspeitando de que a mãe costumava repetir várias vezes: "Eu cuidei de você desde sempre", coisa que, do ponto de vista da mãe, devia ser verdade. Mas do ponto de vista da criança com necessidade de amparo e companhia, não.

Até agora temos um menino, sem irmãos e muito só, e uma mãe, que não sabemos muito bem o que fazia. Portanto, será necessário investigar: O que sua mãe fazia? "Cuidava das tarefas da casa." E seu pai? "Era ferreiro e trabalhava muito." E como seus pais se davam? "Mal, porque meu pai era violento." Você se lembra? "Não, mas sei que bebia e então batia na minha mãe." Você se lembra de alguma cena? "Sim, me lembro da minha mãe sempre chorando." Lembra-se do seu pai bêbado? "Não, porque meus pais se separaram quando eu tinha 3 anos." Ah, 3 anos? Que confusão. Porque você não tem lembranças próprias tão distantes. "Bem, é verdade, não tenho, quero dizer, sim, eu me lembro, realmente, quando eu tinha 18 anos meu pai quis ir à minha formatura e estava cheirando a vinho." Certo, mas isso aconteceu muito tempo depois, estamos tentando organizar a informação e as vivências da sua primeira infância, e é difícil. "Sim, é difícil."

O que aconteceu até aqui? Por ora, as lembranças **estão impregnadas do que mamãe nomeou** ao longo de sua infância. Por outro lado, se o pai se separou da mãe quando o consultante tinha 3 anos, é pouco provável que o ponto de vista do pai tenha tido lugar nessas cenas. O que está claro é que mamãe chorava ou sofria, não sabemos ainda ao certo. Também entendemos que mamãe **nomeava a própria dor** e que nosso menino estava sozinho. Portanto, temos de continuar averiguando, sem deixar de lado **a cronologia**.

Por que é importante ater-se à cronologia? Porque a consciência vai pular para as lembranças conscientes, com perdão da redundância, e vai mandar para a sombra os acontecimentos que não conseguiu admitir. O que o indivíduo **não lembra é o que mais nos interessa**. E para saber de que é que não se lembra, em parte vamos nos valer da cronologia que não nos deixa mentir: em tal data, com tal idade, acontecia isso ou aquilo. Às vezes recorremos também à nossa imaginação para estabelecer a lógica dentro de determinado cenário.

Continuemos com nosso exemplo. Faremos perguntas mais fechadas: Se seus pais se separaram quando você tinha 3 anos e sua mãe não trabalhava, quem mantinha a casa economicamente? "Acho que meu pai." Sua mãe se casou novamente? "Não. Nunca conseguiu perdoar meu pai, por isso tinha muita desconfiança dos homens."

Quem disse essas frases? Mamãe, é claro. Na mente desse menino, o papai é mau e imperdoável, e a mamãe é boa e sofre. No entanto, **ninguém está nomeando o que acontece com o menino**, ainda que **ele saiba tudo que acontece com a mãe**. Isso é importante, porque a mãe **não nomeava** a solidão desse menino, nem as dificuldades infantis, nem os desejos reprimidos, nem os medos ou o que quer que esse menino pode ter sentido. Ao contrário, **nomeava** os próprios estados emocionais. Isso já nos dá um panorama. Então, mostramos ao consultante uma imagem (costumamos usar imagens, metáforas que refletem as realidades emocionais, para não confundir tanto com as palavras). Mostramos um desenho de **um menino olhando a mãe** e sabendo tudo sobre seus sofrimentos. E explicaremos exatamente isso à pessoa à nossa frente.

Então ela se comove e nos responde: "É exatamente isso. Nunca tinha visto dessa forma". Assim, podemos avançar, porque confirmamos nossa suspeita. Se temos um menino que olha a mãe, mas não é suficientemente olhado, podemos fazer uma "futurologia". É bem fácil, com um pouco de treino. O que pode acontecer com uma criança que não é levada em conta? Em princípio, pode estar **em perigo**, porque não há ninguém em volta que tenha disponibilidade emocional suficiente para cuidar dela. E o que acontece com uma criança em perigo? De pequenos obstáculos a grandes abusos.

Como estamos inventando um caso qualquer, não o farei muito dramático, mas relativamente convencional. Teremos de rastrear e determinar o que aconteceu a ele quando criança, por meio de acontecimentos que o fizeram sofrer e de que sua mãe não tomou conhecimento. Então, explorando pacientemente, aparecerá um bando de meninos mais velhos, da escola ou da vizinhança, que o teriam encurralado. Roubavam a comida que levava para o recreio. Também lhe roubavam o material escolar. Então perguntaremos se mamãe sabia. "Não, nunca me ocorreu contar isso para a minha mãe." Continuamos confirmando. É terrível que uma criança pequena seja submetida a maus-tratos de um grupo de meninos maiores, mas **muito pior é que mamãe não tenha tomado conhecimento** e que tenhamos sentido que não era nosso direito preocupá-la com pequenezas.

Pouco a pouco, começarão a aparecer lembranças em cascata, agora que **nomeamos a solidão e a pouca atenção recebida**. As cenas vividas **encaixam** com a palavra **solidão** e com a palavra **medo**. E, como encaixam, a consciência pode admiti-las, porque há um lugar onde ordená-las. Como antes não tinham sido ditas, nem havia uma lógica estabelecida onde essas cenas tivessem lugar, a consciência não conseguia recordá-las.

Para não aborrecê-los demais, digo que repassaremos com o indivíduo diferentes vivências infantis: da escola, das exigências, dos obstáculos, dos medos, das queixas ou opiniões da mamãe, constatando quantas outras peças continuam se encaixando no quebra-cabeças do cenário de infância, inundado de solidão e desamparo.

Há uma pergunta que a essa altura é fundamental: O que mamãe dizia sobre você? "Que eu era muito bonzinho e muito inteligente, que ia ser médico." Nesse instante, mamãe **vestiu a fantasia nele**. Para responder ao desejo de mamãe, ele tinha de ser bom. E inteligente. Ou pelo menos estudioso. Podemos afirmar que respondeu integramente a esse desejo de mamãe. "Sim, nunca tive problemas, minha mãe jamais teve de me ajudar com as tarefas." Falta saber o que esse menino fazia com relação aos abusos dos demais garotos, e também caberia perguntar se houve abusos de algum adulto. Talvez ele hesite e não saiba responder. Ou talvez tenha sido simplesmente uma infância desolada, com leituras que nutriam o coração desse menino.

Já temos uma metáfora que descreve o cenário de infância, portanto, poderemos gerar alguma hipótese a respeito de sua adolescência. Nessa fase, em geral o "personagem" acaba de tomar forma. Ou seja, cada um de nós, os indivíduos, funciona em seu meio com sua roupa, desempenhando seu papel da melhor maneira possível. As hipóteses que formularemos precisarão ter relação com o discurso materno, ou seja, com a roupa que a mãe designou à criança.

Proponho dois caminhos a levar em conta: a vocação e o despertar do desejo sexual. Neste caso, o que podemos supor? Possivelmente a escolha profissional já estivesse resolvida — já que sua mãe havia instaurado a ideia de que ele era inteligente e seria um excelente médico. É possível que não tenha escolhido a carreira de medicina, mas que tenha decidido muito cedo o que ia querer estudar. Vamos dizer que tenha estudado física, e que fez uma carreira brilhante. Mas com relação à área afetiva e aos vínculos amorosos, não deve ter sido fácil.

É claro, ainda que partamos de certas hipóteses, sempre temos de verificá-las, tentando observar as cenas completas.

Até agora sabemos que mamãe estava atenta a si mesma, que ele era um menino solitário, que não tinha irmãos nem um pai presente, que gostava de ler e não muito mais. Abordaremos sua escolha profissional, constataremos que não houve fissuras. Então abordaremos suas relações de amizade ou amorosas, sabendo que tinha pouco treinamento, circulando em um mundo delimitado e, pior ainda, preocupado com a mãe.

Se as respostas são vagas quando pretendemos abordar suas relações com as mulheres, talvez valha a pena perguntar o que mais o preocupava com relação à mãe durante os anos de estudo. Então talvez evoque que nessa época sua mãe adoeceu. É imprescindível conhecer os detalhes. O consultante dirá: "Minha mãe começou a sofrer ataques de pânico, foi necessário medicá-la, foi complicado porque trocaram várias vezes a medicação, passaram-se muitos anos até que foi diagnosticada como bipolar" etc. Muito bem, já confirmamos completamente o panorama. Mamãe — que já tem um filho jovem adulto — continua a absorvê-lo. O jovem permanece emocionalmente abusado pela mãe, embora também tenha sua libido canalizada para os estudos e então para o trabalho. Até aqui, uma história comum e corrente. Um bom rapaz, com ótimas intenções, inteligente, cavalheiro e solitário.

Em algum momento — mesmo que tardiamente — vai começar a ter experiências com mulheres. Abordaremos as experiências mais significativas, localizando-as na trama geral. Se levantarmos uma hipótese, que mulheres serão atraentes para ele? Talvez, mulheres exigentes, necessitadas, conflitivas, que se sintam atraídas pela paciência e pela escuta de um homem carinhoso, amável e dócil. Definitivamente, que mulher não se apaixonaria por um homem que escuta? No universo feminino, sabemos que não é fácil encontrar homens dispostos a escutar. Portanto, temos aí nosso herói mantendo relações amorosas com mulheres e, à medida que vai acumulando experiências, vai se sentindo mais seguro.

Então mostraremos algo fundamental: **ele se sente amado na medida em que escuta e está a serviço** das dificuldades da mulher em questão. De quem nos lembramos? Da mãe dele, é claro, que supostamente também o ama, mas que o mantém submetido a seus desejos.

Suponhamos que nosso rapaz comece um relacionamento com uma colega de trabalho. Depois de histórias desgastantes com mulheres que exigiam demais dele, encontrou em sua parceira atual justo o que procurava: uma mulher relativamente autossuficiente, que não necessita sugar a energia dos outros para viver uma vida equilibrada. Eles se dão bem, têm interesses em comum e vivem uma vida tranquila. Os dois gostam de trabalhar, estudar e são fanáticos por cinema. A mulher não gosta de sustentar conflitos, prefere a simplicidade e não faz drama por qualquer coisa.

Muito bem. Até aí não temos nenhum problema. Chegamos aos dias de hoje. Por que a consulta? Porque há três anos decidiram ter filhos, mas a mulher não engravidou. Fizeram todos os exames correspondentes, e só aparece a pouca mobilidade de seus espermatozoides, mas nada alarmante demais. Em princípio, não há motivos aparentes que expliquem a infertilidade. Sua mulher insiste em começar o tratamento para a fertilização assistida, ele resiste um pouco, já que terão de destinar muito dinheiro para isso. Dinheiro que não está sobrando.

O que fazemos? Contemplamos a biografia humana completa. Perguntamos como sua mãe está atualmente. Então ele nos confessará que está pior do que nunca, que pressiona para ir morar com eles, e que briga com a companheira por causa da mãe.

Acontece que ele passa para visitar a mãe todos os dias antes de voltar para casa. Destina dinheiro para que uma pessoa cuide dela durante o dia, outra pessoa durante a noite e uma terceira pessoa aos fins de semana.

Por acaso está errado um filho único se encarregar de sua mãe doente? Vai abandoná-la? Não. Além disso, não é nossa função julgar o que cada indivíduo decide. Cada um faz com sua vida o que melhor lhe convém. Entretanto, para além de todo conflito moral, compreendamos que essa mãe, depressiva desde tempos remotos, abusiva e sugadora de toda a energia vital de seu filho (de seu único filho, porque sequer tira energia de vários), hoje o deixou desprovido de libido para gerar um filho. Temos certeza? Não, é apenas uma ideia. Temos um homem de 40 anos que em sua consciência sempre fez o que é certo: é trabalhador, honesto, inteligente. Hoje deseja um filho com sua mulher e não consegue engravidá-la. Toda a sua energia vital — de uma maneira não consciente — está desviada para a mãe, que continuará tomando e acumulando recursos econômicos, afetivos, emocionais até deixá-lo vazio e exausto.

Nesse ponto, ele pergunta o que tem de fazer. Não sabemos. Mas pelo menos colocamos todas as cartas na mesa. Ele as olha e segura a cabeça com as mãos, enquanto repete: "É assim, é assim, é assim".

Concluímos a primeira parte desse processo, que é olhar o cenário completo. Até o momento, **comparamos o discurso materno**, que o mantém totalmente prisioneiro dos desejos dessa mãe, **com a vivência de seu ser essencial**, de seu ser interior, seu eu autêntico, ou como quisermos chamar. Feito isso, cada indivíduo se encontra em melhores condições para tomar decisões. Nós podemos acompanhar, é claro, contribuindo sempre com um olhar o mais objetivo possível. Talvez embarcar nos tratamentos de fertilização assistida não seja a melhor garantia para conseguir engravidar, pelo menos não como primeira medida. Talvez seja o momento adequado para conversar mais honestamente com a esposa sobre essas realidades complexas que agora a envolvem muito mais do que haviam imaginado. Possivelmente possa olhar para si mesmo e reconhecer a energia que perde desde tempos remotos. Faça o que fizer, se resolver conhecendo o cenário completo, é provável que tenha mais chances de mudar o jogo em favor de todos. Inclusive em favor de sua mãe, ainda que a princípio isso não esteja tão claro.

Esse exemplo inventado — que utilizei para explicar como detectar o discurso materno — é um entre milhares possíveis. Cada indivíduo traz inúmeras experiências, em princípio distantes do discurso materno. A função dos *beagadores* é ser capaz de descobrir a trama invisível, em vez de nos fascinar com interpretações próprias da história oficial.

POR QUE É IMPORTANTE DESCOBRIR PELA BOCA DE QUEM O INDIVÍDUO FALA?

Toda vez que enfrentamos um problema e pretendemos que alguém nos ajude a solucioná-lo, temos duas fantasias recorrentes. A primeira é que alguém nos dê a solução adequada. E a segunda é que para isso teremos de explicar ao profissional em questão as coisas como são. Mas acontece que "as coisas como são" significa na verdade "como eu as entendo". Todos observamos a realidade segundo um prisma determinado e subjetivo. Insisto que, normalmente, essa lente foi instaurada por nossa mãe.

Antes de tentar solucionar o suposto problema, é necessário rever nossa lente. Isso é possível desde que abordemos o modo como esse "olhar" foi se organizando. Quando crianças, as palavras ditas por alguém — em geral, nossa mãe — **organizaram nossa psique**. Em alguns casos, a **desorganizaram**, se "isso" que mamãe dizia era incoerente, mutável ou estava evidentemente deturpado com relação à realidade real. Sobre a falta de organização no discurso materno, escrevi outro livro, denominado *O que aconteceu na nossa infância e o que fizemos com isso*.

Todos os indivíduos carregam consigo uma história de **distância entre o nomeado e o vivido**? Lamentavelmente, é raro encontrar casos em que isso não aconteça. A meu ver, não vale a pena abordar outras questões antes de saber com clareza através de que lente cada indivíduo observa a si mesmo e ao próximo.

A totalidade de crenças, pensamentos, julgamentos, preferências e modos de vida também se organiza a partir de uma quantidade de suposições ditas por alguém na primeira infância. Inclusive se temos a sensação de ter estado historicamente na vereda oposta à de nossos pais, de que nossos pontos de vista jamais coincidiram, nem a maneira retrógada que eles têm de viver. Se esse for o caso, nossos pais nomearam nossa oposição, nossa rebeldia ou nossos erros. Portanto, também teremos um **nome**. Talvez nossos pais tenham nos nomeado como os rebeldes, e então acreditamos, ao longo de nossa vida adulta, que nosso valor é a luta por grandes causas. Assim nos apresentamos à sociedade: como revolucionários, às vezes ostentando certo orgulho por nossa valentia ou arrojo. Mas acontece que, investigando detalhadamente em nossa vida concreta, não aparece nenhum vislumbre de coragem nem de heroísmo. Simplesmente repetimos o discurso iludido de nossa mãe ou nosso pai, encarnando o personagem que eles nomearam.

De qualquer forma, é fundamental descobrir se nossas crenças e opiniões, em princípio, coincidem com a realidade, ou se continuamos repetindo o que escutamos até cansar durante a infância. Se reconhecemos que continuamos sendo leais ao discurso materno, teremos de começar de novo. Pegar as lembranças concretas. E tratar de montar o quebra-cabeças de nossa vida, baseado em uma trajetória honesta e pessoal. O discurso instalado sempre pertence à mãe? Na maioria de nossas histórias, sim. Mas, em alguns casos, age principalmente o **discurso paterno**. Ou **o da avó**, se foi uma figura relevante que conduziu as idas e vindas familiares. Também é possível que, em algumas famílias, tenhamos irmãos divididos: uns estão alinhados ao discurso da mãe e outros, ao do pai. Nesses casos, certamente batalhas afetivas foram deflagradas ao longo de muitos anos, e cada um dos progenitores mantinha alguns aliados entre os filhos. Por isso, é compreensível que uns tenham ficado em uma trincheira e outros na outra, com o consequente ódio e rancor entre irmãos. Em seguida daremos exemplos concretos para maior compreensão.

Constatar pela boca de quem fala cada um é indispensável para organizar as cenas completas e os fios pelos quais passarão os temas importantes de cada trama vincular. Em quase todas as famílias surgem guerras, algumas mais visíveis do que outras. É preciso, portanto, saber de que lado joga cada personagem, porque, com esse dado fundamental, compreenderemos por que ele pensa o que pensa da avó, do irmão, da mãe ou do professor, assim como todas as suas opiniões políticas, econômicas ou filosóficas. Sim, nossas opiniões pessoais são muito pouco pessoais. Em geral, pertencem ao libreto preestabelecido dentro do discurso de nosso "eu iludido", ainda que consideremos que temos pensamentos autônomos. Cada personagem não só tem um papel a cumprir, mas, além disso, ocupa um lugar determinado no cenário com o manifesto correspondente.

COMO CONSEGUIR NÃO IMPOR UM DISCURSO ILUDIDO A NOSSOS FILHOS

A esta altura, estamos desconcertados. Parece difícil demais ver com clareza que personagem adotamos, detectar o motor de nossas ações, diminuir nossos automatismos e, pior ainda, nos parece inalcançável o anseio de não impor, com nossas lentes, os disfarces preestabelecidos sobre nossos filhos pequenos.

Claro que temos muita responsabilidade, porque não se trata apenas de criar os filhos com amor (o que é esperado, desde logo), mas de uma tarefa muito mais complexa. Se pretendemos criá-los em alinhamento com sua própria natureza, temos de fazer algo para que fiquem **livres de nossas projeções**. Isso não se resolve permitindo que escolham brinquedos ou roupas, isso não é liberdade. Liberdade é ter o apoio e o olhar suficientemente **limpo** de seus pais.

Em um mundo ideal, nós, pais, saberíamos questionar nossa história de vida, e questionar-nos afetivamente, sem medo, sobre nossas origens é uma obrigação se queremos transmitir a nossos filhos uma vida menos condicionada. O que significa perguntar sobre nossa história pessoal? **Reconhecer a sombra**, com ajuda. Estar dispostos a ingressar nos territórios dolorosos e esquecidos da consciência. Confrontar os fatos ocorridos durante nossa infância, sabendo que agora — sendo adultos — temos os recursos suficientes e que já nada de muito ruim pode acontecer conosco. Pelo menos nada pior do que o que já nos aconteceu.

Temos medo, convencidos de que voltaremos a sofrer se evocarmos o passado. No entanto, é preciso saber que da sombra — isto é, da não consciência — sofremos constantemente. Levar à luz as experiências pessoais não nos garante deixar de sentir dor, mas pelo menos saberemos de que se trata essa dor.

Por exemplo, se nossa mãe esteve mais preocupada consigo mesma do que conosco quando fomos crianças, seguramente continuaremos esperando receber essa cota de carinho verdadeiro. Mas, ao revisar nossa história e constatar repetidas vezes que foi uma mãe infantil, preocupada consigo mesma, egocêntrica e pouco capaz de nos dar um lugar em sua vida, a dor será inevitável. No entanto, revisando os cenários ampliados, será possível compreendê-la dentro de suas próprias circunstâncias, compreender a nós mesmos e então **tomar uma decisão**. Por exemplo, poderíamos não continuar esperando de parte de nossa mãe algo que ela não está em condições de oferecer. Isso já pode trazer alívio.

Utilizando o mesmo exemplo: suponhamos que emigramos para outro país por motivos de estudo ou por promessas de melhores condições de trabalho, e ao ficar grávida voltamos a nosso país de origem com a fantasia de que nossa mãe vai ajudar com a criança. É óbvio que a decepção será imensa. Por quê? Porque essa mãe real que tivemos e que ainda temos é a mesma que não consegue tomar conta de ninguém além de si mesma.

Ao não ter uma visão global de nosso cenário, será uma surpresa quando ela não responder aos nossos chamados com a criança no colo. Não compreenderemos por que nossa mãe terá um contratempo toda vez que estiver prestes a vir cuidar do nosso filho em determinado horário, conforme combinado. Então, mais uma vez, nos sentiremos pouco amadas, repetindo cenários históricos. A diferença — ao compreender o panorama completo quanto à figura de nossa mãe, de nosso meio e de nós mesmas — é que nos colocamos diante de um cenário realista. Portanto, podemos tomar decisões com base nas verdades familiares, e não com base nas **ilusões infantis que tecemos segundo o discurso materno**.

Essas crenças organizadas durante nossa infância já não são necessárias na idade adulta. Pelo contrário, podemos chegar a maior consistência emocional se aceitamos **a realidade como ela é**. Insisto, isso não significa que não seja doloroso, mas pelo menos seremos capazes de tomar decisões mais equilibradas. Seguindo com o exemplo anterior, poderíamos decidir **não** voltar ao nosso país de origem se a motivação era estar perto de nossa mãe para que nos ajude a criar nosso filho. Porque talvez tenhamos construído mais redes sociais, mais amizades concretas e contemos com melhor infraestrutura no lugar onde moramos. Aceitar que a nossa mãe jamais nos ajudou — portanto, nunca nos ajudará — ao menos nos trará **alívio**.

Se nos dedicamos a explorar nossa sombra, se mantemos uma atitude permanente de abertura e introspecção, se buscamos mestres e guias que nos iluminem, se estamos atentos ao que nossos amigos, familiares ou colegas de trabalho apontam — especialmente quando isso que nos dizem não é bonito —, então talvez estejamos transitando um caminho de integração das partes ocultas de nós mesmos.

Ora, se estamos criando filhos pequenos, **tudo de que necessitam são pais que questionem a si mesmos** da maneira mais honesta possível. Se observamos os mapas completos, se contemplamos os cenários e nos reconhecemos com nossos automatismos, nossos personagens e nossos roteiros preestabelecidos, talvez possamos frear nossas reações involuntárias para tentar outros modos altruístas ou mais amáveis.

Treinando-nos nos vínculos respeitosos, poderemos abordar nossos filhos com maior entrega e aceitação, sem prejulgá-los. No lugar de interpretar como correta ou incorreta cada atitude de uma criança e no lugar de encerrá-los em personagens que acalmam a criança ferida que vive dentro de nós, poderemos simplesmente nomear cuidadosamente aquilo que acontece com eles, outorgando-lhes o valor concreto com respeito a isso que acontece com eles. Também poderemos nomear com palavras simples o que acontece conosco, dentro da lógica de nosso complexo universo emocional.

Assim, todas nossas vivências internas, nossas percepções, nossos desejos, nossos medos ou ilusões terão um lugar real onde se manifestar, em vez se ver na obrigação de encaixar em um cenário definido de antemão. Se em vez de dizer a uma criança pequena "Como você é preguiçoso, é igual ao pai", perguntamos a ela "Você não tem vontade de ir à escola? É por que os meninos te perturbam?", as coisas mudam radicalmente. A criança não veste a roupa de "preguiçoso que não obedece aos pais", nem qualquer outro disfarce. No momento, ela tem um problema que não sabe resolver, e também não sabe comunicar. Por sorte, às vezes há um adulto que nomeia o que acontece e tenta encarar um problema que é complexo demais para a criança.

É claro que se trata de um novo paradigma que exige treinamento cotidiano e questionamento pessoal permanentes. É trabalhoso e arriscado. Pode levar anos para ser implantado de maneira automática. No entanto, quero reforçar que essas intenções — a meu ver — vão nos ajudar a sair dos fundamentalismos — incluídas todas as teorias da criação com apego, criação natural, naturismo, leito compartilhado, amamentação prolongada, fusão mãe-filho, disciplina positiva e demais postulados progressistas com os quais meu nome é associado —, que são muito bonitos e politicamente corretos, mas funcionam também como refúgio para personagens diversos.

Nosso propósito é **ser livres**. Para isso, é indispensável revisar os argumentos oficiais, que nos impingiram junto com nosso documento de identidade, exortando-nos a cumprir nosso papel. Ser adulto não é fazer aniversário, nem ser autônomos economicamente. Pelo contrário, é tomar as rédeas da própria vida, atravessar o bosque para enfrentar nossos dragões internos, agradecê-los e redimi-los, definindo qual é o caminho que nos corresponde.

Então, decidiremos ser totalmente responsáveis pelas decisões que tomarmos na vida, em todas as áreas, incluída a determinação de não aprisionar nossos filhos — se os tivermos — em personagens que sejam funcionais para nós. Contemplar e compreender os filhos, os cônjuges, os irmãos, os vizinhos ou os inimigos só é possível se antes fomos capazes de compreender e ser compassivos com nossos cenários reais, se tivemos coragem de colocar em dúvida os discursos oficiais e se decidimos sair de nossas ilusões, despojando-nos das crenças infantis. Então, sim, perguntaremos aos filhos do que precisam de nós, em vez de impor a eles que se adaptem às nossas necessidades e obrigá-los a carregar indefinidamente as pesadas mochilas do desejo alheio.

3. O discurso do "eu iludido"

QUANDO NOSSO DISCURSO SE APROPRIA DA VOZ OFICIAL

Não importa o motivo aparente de consulta, não importa a urgência, não importa a personalidade de quem nos procura, se é homem ou mulher, se está desesperado ou agressivo ou se promete nos pagar mais se aceitarmos atendê-lo fora da agenda. Não importa se acredita que somos deuses ou algo parecido, se pensa que temos todas as soluções e que só nós o compreenderemos. Só podemos ajudar um indivíduo se traçarmos juntos uma trajetória honesta de sua biografia humana — incluindo a trama de seus antepassados e de seus vínculos mais próximos — **integrando sua sombra**. Quer dizer, tudo aquilo que não conhece ou não admite sobre si mesmo.

Em minha equipe de profissionais, chamamos a biografia humana carinhosamente de *beagá* [BH]. Voltamos às *beagás* várias vezes, sempre que nos perdemos em interpretações ou supostos que não nos levam a lugar algum.

A urgência de resolver algo que nos preocupa atualmente nos deixa ansiosos e com preguiça de voltar a lembrar todos esses fatos que aconteceram há tanto tempo. Em especial, se já passamos por outras experiências "psi", da ordem que forem. Nesses casos, solicitamos àquele que nos procura que tente definir em poucas frases do que se tratou o processo terapêutico que já fez, para aproveitá-lo e aprofundá-lo ainda mais. Poucas vezes somos capazes de ter clareza quanto ao trabalho realizado. Então, somos obrigados a começar do princípio: investigando nas vivências infantis do ponto de vista da criança que fomos. O grau de "maternagem" recebido. O real, não o relatado. Aproximando-nos da distância que houve entre o que merecíamos como crias humanas e isso que aconteceu conosco. Os mecanismos de sobrevivência que adquirimos e a lógica de todas as experiências posteriores. Essa busca conjunta exige mais arte do que inteligência. Mais treinamento do que ideias elaboradas.

Vamos supor que decidimos começar o processo de nossa biografia humana. Aparece em primeiro lugar uma dificuldade comum: reagimos a partir de nosso local de **identidade**, a partir de nosso **personagem** já formado, que já tem um discurso contundente estabelecido — e iludido. Vimos que o principal obstáculo, quando pretendemos organizar uma biografia humana, é que nossa identidade, o papel com o qual nos reconhecemos, é liderado por nosso personagem. Apresentamo-nos de determinada maneira, acreditando que "isso" é o que somos.

Por exemplo, sou advogada, sou eficiente, sou pontual, sou inteligente, sou resolutiva, sou impaciente, sou exigente, sou responsável. É possível que todos esses atributos estejam corretos. Mas não é isso que nos interessa, e sim o outro lado, ou seja, o que essas qualidades pessoais geram — em nós mesmos, mas principalmente nos demais. Se essa parte de nossa identidade nos traz muitos benefícios, será preciso buscar os danos nas pessoas próximas.

Continuando com o exemplo anterior, se temos muito orgulho de nossa eficiência, não toleraremos a ineficiência dos demais, o descuido ou a distração. Também é provável que, para polir nosso personagem, nos rodeemos inconscientemente de pessoas bastante desatentas ou esquecidas. Assim, garantimos nosso poder no reino da eficiência. Com tal personagem nas

O PODER DO DISCURSO MATERNO 71

costas, teremos uma tendência a não querer resolver histórias do passado, porque estamos confortáveis lidando com uma cota importante de poder. Mas pode acontecer que nos preocupe que nossos filhos não se adaptem à escola, apesar de terem assistência de psicólogos e pedagogos. Resolutivas como somos, queremos uma solução já. Esse é o panorama trazido por nossa enérgica e competente consultante. Para além de sua urgência, começaremos a indagar sobre suas primeiras lembranças de infância. Se somos a consultante, responderemos: "Eu nasci de olhos abertos". Quem disse? "Como assim, quem disse? Minha família disse." Alguém disse primeiro, possivelmente sua mãe. "Sim, claro, minha mãe disse a vida toda que eu nasci de olhos abertos e sempre fui atenta a tudo, que nada me escapava, eu era como um radar."

Pode parecer engraçado depois de ouvir milhares de relatos. A questão é que nomeamos com total naturalidade o personagem que usamos. É preciso ser capaz de sustentar esse mandato de "estar sempre de olhos abertos" que nossa mãe nos colocou. Certos personagens têm um lado glamoroso e valorizado positivamente, portanto serão difíceis de abandonar. O personagem "que nasce de olhos abertos" está atento, é inteligente, rápido, intuitivo, perspicaz, mas... à sombra vão os cuidados não recebidos, o desamparo e a pouca disponibilidade da mãe para acolher essa filha durante a primeira infância. Como sabemos disso? Porque o personagem nomeia a si mesmo só **aquilo que a mãe nomeou**. Tudo o mais teremos de **imaginar**. Será complexo, porque o maior guardião dessa informação é o "eu iludido" dessa mulher, que adotou o discurso materno e **o tornou próprio**.

Continuando nossas investigações, faremos perguntas visando às pretensões da mãe de nossa consultante, para que sua filha assumisse responsabilidades desde muito pequena, já que "nasceu de olhos abertos", ou seja, **madura**. Realmente, aparecerão lembranças em que desde muito cedo ela se ocupa de seus irmãos menores, brigando por causas justas no colégio, convertendo-se em líder de seus colegas de escola, levantando alguma bandeira e defendendo suas convicções a ferro e fogo. Respaldando a lógica, seguramente terá seguidores, mas sem dúvida também detratores. **É a lei dos cenários completos**. Portanto, nos interessará mais investigar sobre esses detratores, que em princípio ela desprezará. "De que importa o que pensavam esses idiotas?", dirá a líder responsável. Interessa, pois possivelmente o mesmo que acontecia com esses "idiotas" acontecia com muitos outros de seu meio imediato. Imaginemos que a mãe de nossa cliente também seja uma mulher enérgica, forte e decidida. Mais motivos para que nossa heroína se identifique com essa mãe e assuma completamente o personagem que ela lhe deu de presente quando nasceu.

Tentamos abordar a figura de sua mãe. Então os olhos de nossa cliente começarão a brilhar ao relatar alguma cena dessa mãe excepcional (que talvez tenha sido). O que estamos procurando é confirmar que mãe e filha estão na mesma trincheira, no campo das empreendedoras. Talvez mamãe não trabalhasse, ainda que desprezasse o pai, que sustentou economicamente a família por 50 anos. Mas é bom saber que **o dono do discurso oficial** tem o **poder** da "verdade" (que pode não ser assim, mas isso vamos revelar em seguida). Justamente, estamos falando do **poder do discurso**, neste caso o **materno**.

Perguntemos então sobre a realidade emocional dos personagens que ficaram na trincheira dos "não eficazes": pais e irmãos. Sobre eles, nossa consultante terá algumas opiniões negativas: "Meu irmão mais novo era um repetente, meus pais já não sabiam para que colégio mandá-lo. Chamávamos o do meio de 'ente'. Porque era um ente! Um zumbi. Estava sempre na lua,

O PODER DO DISCURSO MATERNO 73

não falava, não se relacionava com ninguém, não tinha amigos. Hoje continua igual, foi viver sozinho como um vagabundo e temos de lhe mandar dinheiro de vez em quando. Vive sozinho com alguns animais de estimação. O do meio está sempre fazendo maus negócios, e já não quero mais salvá-lo. São iguaizinhos ao meu pai". Muito bem, essa é a verdade? Depende de que ponto de vista a abordamos. É claro que é o ponto de vista de nosso personagem audaz. Seguramente foi admirada por sua mãe, mas também é provável que tenha sido odiada por seus irmãos, enquanto flameava suas próprias bandeiras no cume da montanha da soberba. Nesse ponto, mostramos a ela uma imagem de uma menina olhando para a mãe em cima da montanha. E nossa hipótese é que subirá à montanha ao lado.

Abordamos sua adolescência, com a hipótese de que provavelmente arrasou os corações dos demais. Realmente, teve sua época de *femme fatale*, segura de si, empreendedora, disposta ao que fosse necessário para conseguir seus objetivos. Esse personagem permite avançar a passos largos no território profissional, mas nos deixa muito sozinhos no terreno afetivo. Claro que apontaremos a que essa mulher se conecte com esse outro âmbito, em referência a seus vínculos afetivos íntimos. Aparecerão homens fracos ou drogados que ela precisava salvar, ou machões seduzidos por seu arrojo, mas depois ciumentos ou competitivos. Como começavam suas relações? Tinham base no fascínio em relação à nossa heroína. Como terminavam? Indefectivelmente com largas cotas de violência. Nossa protagonista se parece com a Rainha de Copas de *Alice no País das Maravilhas*: toda vez que não gosta de alguma coisa, determina: "Cortem-lhe a cabeça!" Quando mencionamos isso, ela ri a gargalhadas, orgulhosa de sua força vital.

O maior obstáculo que encontramos ao entrar nas biografias humanas é que o "personagem" é cego, porque dá razão a si mesmo. O "eu consciente" não leva em conta nenhuma outra perspectiva. Nós o chamaremos de "eu iludido", porque de todos os "eus" é o que menos compreende **como são as coisas objetivamente**. É a parte de si mesmo que se acredita mais esperta — como o filho preferido do rei de qualquer conto —, mas não sabe nada da vida. Por isso fracassa sempre. O "eu iludido" defende um único ponto de vista, considerando que é o único e o melhor. O "eu iludido" tem medo de aparecer do outro lado, porque sabe que terá de tirar as máscaras que o mantêm aquecido em seu refúgio de cristal.

Basicamente, se observarmos nossos discursos, toda vez que nos "apresentamos" em sociedade é o "eu iludido" que está feliz por demonstrar suas supostas virtudes. De fato, quase tudo que dizemos é uma pequena parte da verdade. Insisto que, na montagem de uma biografia humana, aquilo que a pessoa **diz**, ou seja, o que o "eu iludido" proclama, **não nos interessa**. Aquilo que ela relata no âmbito de uma consulta terapêutica **espontaneamente** em princípio fala a partir do "eu iludido" e, sendo assim, não pode nos dar informação valiosa. Portanto, é o tipo de informação que somos obrigados a **descartar**, ainda que nos tenha impactado ou nos forneça detalhes escabrosos ou descrições saborosas para o deleite dos sentidos. Para usar o exemplo que estamos inventando, não importam os pormenores com relação aos lamentáveis episódios desempenhados por ex-namorados, irmãos, funcionários ou pessoas próximas à nossa consultante se todos são abordados a partir do "eu iludido" de alguém que acredita ser infalível e tem orgulho disso. Já sabemos que, a partir da ótica do "eu iludido", ela vai considerar "idiota" todo aquele que não seja aliado, ou pelo menos veloz e eficaz; por outro lado, será aceito quem se identificar com ela.

Estamos abordando cronologicamente uma mulher jovem, empreendedora, advogada de sucesso. Tem relações com homens nas quais detenha certo poder. Sabemos que hoje — pulando a cronologia — tem 45 anos, é casada e tem dois filhos homens em idade escolar, e nos consulta preocupada com eles. Muito bem, trataremos de organizar a informação que temos a fim de averiguar o desenrolar dos acontecimentos com base em uma mínima lógica, para então chegar à preocupação atual. Com quem finalmente se casa? Com um homem fraco, como tantos com quem se vinculou, a quem ela deveria salvar ou desprezar? É possível. Também é provável que se case com um homem forte, com quem faz alianças contra o mundo. Se há muitos inimigos lá fora, idiotas, inúteis, improdutivos ou ineptos, será fácil armar uma aliança ferrenha. É claro que esses movimentos são inconscientes. Mas funcionam. Para saber qual terá sido sua escolha, teremos de perguntar diretamente. Com nossa heroína, não haverá "meios-termos", ela saberá imediatamente responder se seu marido é um "gênio" ou um "imbecil". Então saberemos em que turma ficou. Suponhamos que tenha escolhido a opção do homem forte e decidido como ela. Imaginemos que esse senhor também seja advogado, que se conheceram no ambiente profissional e ambos trabalham no fórum criminal. É claro que esse tipo de trabalho — sobretudo no caso das mulheres — se sustenta com o aval de personalidades fortes e com certo distanciamento emocional, do contrário são difíceis de aguentar. Mas nossa heroína tem força de sobra, assim como distanciamento emocional...

Até que no transcurso de nossos encontros começamos a **nomear** o desamparo que viveu durante toda a infância, a obrigação de reagir com maturidade com 6 ou 7 anos, a responsabilidade de assumir certas decisões muito cedo e sobretudo a crença de que ela, essa menina, era a única no mundo que podia fazer as coisas como a mamãe precisava. Se conseguirmos tocar sua sensibilidade, fora do discurso do "eu iludido", teremos começado um trabalho interessante. Se não conseguirmos, não. Quer dizer, nossa função é **mostrar os benefícios e também as desvantagens** ou o preço a ser pago de cada personagem, porque o custo é algo que todo indivíduo sente, mas não consegue notar. Às vezes nos sentimos mal ou esgotados, mas sem saber o que fazer para nos reerguer. Justamente, o custo de sustentar o personagem é vivido internamente, sofremos porque não conseguimos detectá-lo com clareza.

Nesse exemplo, o custo pagado pode ter sido uma solidão imensa, uma desconfiança absoluta em relação a todos, a crença de que a humanidade é constituída de inúteis que nunca poderão nos ajudar. É muito difícil viver acreditando que o mundo gira porque nós o movemos. A partir dessa perspectiva, jamais passará pela nossa cabeça confiar no outro, associarmo-nos ao outro, delegar a outros, e com isso o sofrimento e a distância serão vividos com frieza, inclusive com desprezo e desmerecimento em relação à própria dor. Tudo isso pertence à sombra do indivíduo. Não nomeamos porque não temos consciência. Passamos a vida depreciando os demais, mas não somos capazes de falar da angústia que nos causa cavar cotidianamente o fosso entre nós e o resto do mundo. Construímos um abismo. Ficamos sozinhos. E sem dúvida acusamos os demais de não serem capazes de pular para o nosso terreno.

Suponhamos que essa seja a situação que nossa consultante começa a vislumbrar. Quando nomeamos a distância entre ela e quase todos os demais, aceita, balbuciando um "nunca tinha visto dessa maneira" ou um "pode ser, acho que sim". Então poderíamos desenhar uma imagem simples, na qual estão situados no alto da montanha ela e o marido, juntos, aliados, de mãos dadas e olhando com desdém para o resto da humanidade. É um lugar que estipula quem tem o poder. Também é um lugar solitário. Não passa pela cabeça de ninguém que esses

O PODER DO DISCURSO MATERNO 77

dois semideuses possam precisar de alguma coisa. Todos nós que pertencemos a essa trama como pequenos súditos incapazes não temos nada a oferecer ao rei e à rainha do território em comum. Há distância. Endeusamento. Inveja. Incompreensão. Rancor. Desconhecimento. Imaginemos uma montanha alta, dois indivíduos no trono lá em cima, e o resto do mundo aqui embaixo. Tudo que se produz, tanto em um lugar como no outro, influencia nesse cenário.

Ao chegar a esse ponto, poderíamos abordar a emoção "gênios versus idiotas". Porque o "eu iludido" dessa mulher claramente é orgulhoso de sua própria "genialidade" e lamenta ter de suportar cotidianamente todos os personagens secundários dessa peça de teatro, que desempenham os papéis de idiotas, bobos ou lerdos. Até que não observemos juntos como ela dispôs os papéis de cada um, não compreenderá que é o que ela — inconscientemente — gera nos outros e, portanto, também não poderá mover as peças do jogo que ajudou a criar.

Tendo claro esse panorama, poderemos abordar então o nascimento dos filhos, a criação, o vínculo com eles, as mudanças na relação afetiva com o marido e as dificuldades cotidianas. Nesse caso, trata-se de uma mulher que trabalha, cuja identidade está organizada em torno do sucesso profissional e da distância afetiva. Portanto, já conseguimos imaginar que, ao se tornar mãe, surgirão várias dificuldades antes impensáveis. Se fizermos "futurologia", saberemos que as crianças pequenas vão se tornar uma dor de cabeça, simplesmente porque ela está muito mais treinada para se movimentar pelos âmbitos profissionais do que pelos territórios emocionais e sutis. Os nascimentos e a convivência com crianças pequenas são difíceis para todos, mas serão mais ainda para a nossa consultante. Todos sabemos que a criação e o vínculo com as crianças não se resolvem com eficiência, nem com ações concretas, e muito menos com velocidade. Se levarmos em conta seu personagem, podemos supor que se sentirá presa a um labirinto sem fim.

Dito isso, em meu modo de ver teremos de parar para estabelecer nossas hipóteses específicas em relação aos primeiros anos de seus filhos. Por quê? Porque devem ter sido muito incômodos para o personagem, então é provável que ela queira passar por alto, alegando que "isso aconteceu há muito tempo". Ou talvez simplesmente tenha se esquecido de quase todos os detalhes dos primeiros anos desses bebês.

Por isso, nosso trabalho deve ser o de colocar ênfase especial nessa parte da história, que se constituiu em **sombra**. Como abordar esses temas? De forma detalhada. Parto. Primeiros dias. Puerpério imediato. Amamentação. Automaticamente nossa heroína responderá: "Tudo maravilhoso, Joãozinho era um anjo, comia e dormia". É muito pouco provável. A partir do "eu iludido", esse personagem chegou ao parto acreditando que tinha tudo sob controle. Vamos partir do princípio de que, se existe um lugar em que o controle se descontrola... é na cena do parto. Vamos supor que foi feita uma cesariana. Ela então vai defender os postulados da modernidade e as cesáreas resolutivas, o cordão umbilical enrolado no pescoço ou a desculpa perfeita para não se conectar com isso que aconteceu a ela. Quanto mais para a sombra tiver enviado as experiências descontroladas, mais teremos que procurar aí. Pensemos que o personagem vai tentar — em meio ao caos — voltar ao terreno que domina. **Esse terreno é seu trabalho.** De maneira atraente, se a interrogarmos sobre seu trabalho nesse momento — por exemplo, a quem delegou as tarefas urgentes, que coisas deixou organizadas etc. —, dirá que exatamente durante sua primeira gravidez ela decidiu abandonar seu antigo emprego em um escritório importante de advocacia para trilhar caminho sozinha a fim de crescer economicamente, com a abertura de um escritório próprio e a cumplicidade

O PODER DO DISCURSO MATERNO 79

de alguns advogados jovens dispostos a acompanhá-la. E que a mudança para os novos escritórios estava se concretizando quando as contrações do parto começaram. Agora podemos vislumbrar a libido que precisava desviar para seus novos projetos de trabalho e a pouca conexão que possivelmente teve com relação ao parto que se aproximava e à presença de um bebê, que até esse momento sequer conseguia imaginar.

Esse é o momento perfeito para parar e rebobinar as histórias, retomando a ideia do parto maravilhoso e feliz que disse ter vivido. Em plena mudança, com os projetos profissionais em seu máximo esplendor, ela pretendia ter um filho com a mesma energia com que defende seus clientes nos tribunais. Alguma coisa não encaixa. Podemos nomear que imaginamos uma cena caótica. Silêncio. Respiramos. Alguns segundos depois, pela primeira vez, ela começa a chorar. Tenta evitar que notemos. Nós nos aproximamos. Ela se incomoda. Formulamos algumas perguntas suaves. Então, sim, começa a gemer, tossir, assoar o nariz, enquanto tentamos abraçá-la sentindo que todo seu corpo está tremendo. Chora dizendo palavras incompreensíveis, que está cansada, que é muito difícil, que tem dor nas costas, que precisa de férias, que as crianças não reconhecem o esforço que faz, que para os homens é mais fácil e a vida é injusta. Muito bem, tocamos em uma parte do **material sombrio**. Aí permaneceremos. Procuraremos e tentaremos nomear os acontecimentos externos ao discurso do "eu iludido", que tinha tudo organizado formalmente.

Voltemos ao parto. À sua comunicação nula com o médico previsto para atendê-la. À sua pobre busca pessoal em relação a saber alguma coisa sobre partos, supondo que tudo isso fazia parte de um universo feminino frágil que não a interessava em absoluto. Aparece o desprezo por tudo que é suave, incluindo o que se refere a parturientes. Ela se tornou uma, mas prefere se submeter a seu personagem habitual: eficaz e potente. É submetida a uma cesárea, mas sua personagem, forte e empreendedora, congela seu coração, deixa a mente em branco e pede para ir caminhando com seus próprios meios até a porta da sala de cirurgia. Admirável. Valente. Segura. Uma vez fora do útero, o bebê é mostrado, levado, todas as rotinas hospitalares são realizadas mecanicamente, mas ela se mantém sem transpirar dentro de seu disfarce. Poucas vezes tão necessário como nesse momento.

O discurso do "eu iludido" continua dizendo "não tive leite, então não perdi tempo e o bebê começou a tomar a fórmula em seguida, e foi ótimo". De agora em diante, todos os "ótimos" que ouvirmos por parte de nossa protagonista teremos que descartar. É hora de nomear com **outras palavras** isso que aconteceu. Diremos: A cesárea com certeza foi um choque, e ao ter seu filho pela primeira vez nos braços talvez o tenha sentido como um estranho, perguntando-se se era uma mãe normal e se tinha instinto materno, já que tinha sentimentos muito ambivalentes em relação a esse bebê. Talvez muita gente entrasse no quarto para dar orientações. Então — assombrada por sua própria preguiça —, chorando, dirá: "É isso mesmo, me mostravam como tinha de segurá-lo, em que posição tinha de colocá-lo, mas o bebê chorava e não gostava dessa posição, além disso a cicatriz doía muito, e meu marido comemorava com seus amigos tomando champanhe e eu queria matá-lo, e o bebê também não gostava quando lhe dava o peito, era uma tortura, no final eu não queria nem segurá-lo, porque mal eu o tocava e ele se punha a chorar, enquanto com as enfermeiras se acalmava". Muito bem, já estamos nos desviando do "ótimo" de alguns minutos atrás, e continuaremos nomeando realidades prováveis externas ao personagem: É possível que você não tenha imaginado, o tempo e o silêncio que você e seu bebê exigiam, nem a tranquilidade

O PODER DO DISCURSO MATERNO 81

e a calma necessárias para se conhecerem. Também deve ter sido difícil entrar em um tempo sem tempo quando estava se mudando de escritório e montando um empreendimento novo. Seus desafios profissionais estavam muito distantes da conexão e das necessidades desse bebê e do seu estado puerperal.

Seguramente nossa consultante se lembrará — depois de nossas intervenções — de discussões com o marido, das amigas que lhe davam conselhos que não serviam para nada, da vontade de fugir dali e de uma opressão no peito que agora podemos nomear; que a transportavam sentindo afinidade com todos esses indivíduos que anteriormente ela tinha desprezado: inútil, perdida, vazia, dolorida, deslocada e desorientada. Um nojo.

Se conseguirmos gerar um encontro com esse grau de intensidade, teremos de parar para respirar. E continuar outro dia. No próximo encontro, ela virá com o rosto mais tranquilo, vestida com uma roupa mais informal e o cabelo solto. Bom sinal. Relaxou. Recordou. Tirou por um momento a máscara que a estava machucando. E confiou por um tempo em nós. Podemos continuar nossa investigação e com ela o afã de lançar luz sobre os acontecimentos que rechaçou e relegou à sombra.

Não nos surpreenderá se nos confessar que, cinco dias depois do nascimento do bebê, ela estava no escritório. É lógico. Fugiu desesperada para seu lugar de identidade. E não vamos julgar se foi boa mãe ou não, não interessa. A única coisa que importa é que, olhando pelo ponto de vista do personagem, fez a única coisa que sabia fazer. Mas então nossa função muda: teremos de **acrescentar o ponto de vista do menino**. Somos obrigados a trazer sua voz e relatar com palavras simples tudo que esse bebê de cinco dias, um mês, dois meses, quatro meses, seis meses, foi vivendo. Com uma mãe desconectada de suas necessidades básicas, deixando-o ao cuidado exaustivo de pessoas idôneas, alimentado, higienizado, atendido, mas **sozinho**.

Não vale a pena falar de contato corporal, nem de fusão emocional, ou presença, disponibilidade emocional, entrega, silêncio. São todos conceitos desconhecidos — para não dizer desprestigiados — do personagem. Enquanto isso, há um bebê que vai pedir "maternagem" como puder. Possivelmente tenha ficado doente. Então perguntaremos diretamente sobre doenças. Nossa consultante a princípio dirá espontaneamente que "era supersaudável", mas, se insistirmos, se lembrará da bronquite, da bronquiolite, das internações em função das convulsões por febres altas, da otite, dos resfriados intermináveis, das noites sem dormir com as nebulizações sempre presentes e outras delícias cotidianas. Claro, ela tinha de trabalhar, e muito, e por isso é possível que não conserve lembranças tão marcantes, porque a essa altura já tinham contratado uma babá para ficar com o bebê à noite. Então continuaremos nomeando as vivências do ponto de vista da criança, e a enorme distância que ia aumentando entre a alma do menino e a da mãe.

Com paciência, abriremos espaço à lembrança de pequenas histórias, oferecendo a devida atenção a cada uma, não porque sejam importantes em si mesmas, mas para permitir que certo registro emocional se estabeleça, algo totalmente novo para nossa consultante. Para completar, esse novo registro **dói**. Mas, como é uma mulher deveras inteligente, haverá brincadeiras sobre isso que está descobrindo, ela rirá de si mesma e dirá que nunca pagou tão caro para sofrer. Sabe que essa nova aproximação ao outro lado de si mesma é dolorosa, é difícil para ela, mas é extremamente necessária.

Então abordaremos o primeiro ano de vida do bebê, depois o segundo. A gravidez seguinte e o parto, possivelmente bem parecidos com o primeiro. O nascimento de um segundo menino. Também não houve amamentação. Mais babás. Menos atenção, já que estavam todos treinados sobre o que era preciso fazer com o muco e a febre, as otites e os antibióticos. Ou seja, repararemos nos pormenores da vida cotidiana dessa família, com uma mãe empreendedora que trabalha muito, um pai que também trabalha muito, e dois meninos pequenos que estão **sozinhos**, adoecem com frequência e sobrevivem como podem.

Sei que as leitoras dirão nesse ponto: "E o pai? Cadê? Por que o pai não fazia alguma coisa, já que nem aparece nessas cenas?" Pois é... poderia haver um pai que fizesse, mas, nesse cenário, o acordo matrimonial se baseava no trabalho, no sucesso, nos empreendimentos e nas atividades sociais, e na disponibilidade de dinheiro suficiente, claro. Quem pode julgar a outra parte de si mesma é a mulher que se tornou mãe. As oportunidades que esses bebês traziam eram emocionalmente tão intensas — e tão desconhecidas para o personagem que encarnava — que ela não soube compreender nesse momento. As interpretações que fazia eram **do ponto de vista do personagem de sucesso**. O pai dos meninos acompanhou essa maneira de ver as coisas, já que seu personagem se parecia bastante com o da mulher, mas nem sequer sofreu fissuras, porque não teve partos, não teve leite, nem teve maternagem para descobrir. Portanto, sequer quebrou. Simplesmente acompanhou tudo na mesma frequência com que a mãe assumiu a maternidade desses meninos.

Podemos mencionar também que não houve ruptura no casamento, já que, mesmo com duas crianças pequenas, **o acordo** entre os personagens adultos **se manteve intacto**. Eles continuaram trabalhando, vinculando-se por meio dos empreendimentos profissionais, e deixando esses dois filhos pequenos em um mar de solidão, ainda que os pais não tivessem consciência disso.

Nesse ponto, o grau de intensidade de nossos encontros é alto, e talvez nossa consultante deseje tirar férias. Muito bem, que se comunique conosco quando quiser. Vamos supor que deixe passar bastante tempo, mas um dia pede uma nova consulta. Quer ir direto ao ponto que a preocupa: os dois filhos se comportam muito mal na escola, ambos têm psicopedagogas que os assistem, professoras particulares, psicólogas e fonoaudiólogas. Estão pensando em acrescentar um especialista em brincadeiras. Experimentaram castigá-los cancelando uma viagem que os meninos esperavam, mas não serviu de nada.

Como se passaram seis meses desde nosso último encontro, teremos de detectar qual foi o nível de consciência ou de aproximação à sua sombra que nossa consultante manteve durante o período em que não nos encontramos. No princípio, vai tentar falar de outros assuntos. Mas leva menos de cinco muitos para começar a chorar e dizer que não aguenta mais, que sabe que precisa mudar alguma coisa. Bem. Estamos encaminhados.

Para não aborrecer o leitor, direi que vamos nos concentrar em repassar a vida desses dois meninos, dos nascimentos até hoje, de seus respectivos pontos de vista. Reconheceremos a solidão, os pedidos históricos deslocados em relação a mais exigência da presença materna, mais disponibilidade, mais brincadeiras, mais quietude. Examinaremos os recursos que esses dois meninos utilizaram para se fazer ouvir: doenças, acidentes, brigas, travessuras perigosas, mau comportamento, em seguida comportamento pior ainda, machucados, ameaças entre si, ameaças aos colegas do colégio, roubos, violência contra outras crianças, desobediência. Enfim, mais ou menos são essas as possibilidades que esses meninos têm para expressar: "Estou aqui e quero que você fique comigo". Situaremos cada acontecimento na idade cronológica de cada um deles. E constataremos que eles só querem uma coisa: que **mamãe olhe para eles, que os perceba, que os sinta**. Claro, do ponto de vista da mãe, ela sentirá que vive para eles, trabalha para eles e se esforça para lhes dar a melhor vida possível. Mas esses meninos sozinhos sofrem.

Não querem nada do que têm. Só querem ficar na cama da mamãe e do papai. É tão difícil permitir a dois meninos desesperados que subam na cama dos pais? Habitualmente, parece que sim, porque poucas crianças conseguem.

A essa altura, já temos o panorama completo. Nossa heroína, pela primeira vez, se coloca no lugar dos filhos, os compreende e sente compaixão por eles. Então, faz a pergunta de um milhão: "O que fazer?" À qual responderemos: Não sabemos, quem sabe são seus dois filhos, a quem é preciso perguntar e estar a serviço de suas demandas. Tendo isso claro — quer dizer, sabendo que cada indivíduo é responsável por seus movimentos —, começaremos a traçar um caminho que seja **integrador da sombra**. A consultante, uma vez que entende seu personagem (que na verdade é seu melhor **refúgio**), a necessidade que teve de permanecer escondida ali, os supostos perigos de se livrar da roupa, os desafios que tem à sua frente, os pontos de vista de seus filhos, de seu marido, de seus funcionários, de seus inimigos (se os tiver), poderá decidir se quer mover alguma peça ou não. Essa é uma **decisão pessoal** e não compete ao *beagador*. Em todo caso, se decide arriscar-se e mover alguma peça, o *beagador* acompanhará esses movimentos com gosto.

Agora se abrem múltiplas opções. É fácil assim? Organiza-se a biografia humana e então já somos capazes de fazer movimentos que nos tragam mais felicidade? Não. Esse foi um relato muito simples e sem fissuras. Nas histórias reais, é muito mais complexo, sobretudo porque não estamos dispostos a perder os benefícios que nosso personagem nos outorga. De qualquer maneira, do meu ponto de vista, não podemos abordar **nada** sem saber qual é o personagem desempenhado pelo indivíduo que nos consulta, sem ter claro o discurso de seu "eu iludido", sem compreender pela boca de quem ele fala, o nível de medo diante da opção de sair do refúgio que a identidade lhe dá, vantagens e desvantagens do personagem e, sem dúvida, sem termos segurança da capacidade intelectual do indivíduo em questão.

Quando me refiro à "capacidade intelectual", quero esclarecer que certos indivíduos que foram cruelmente maltratados durante a infância, sofrendo abusos emocionais ou físicos, podem adotar o personagem daquele que não sabe, não entende, não toma conhecimento. Assim como em todos os casos, **o personagem é a roupa que nos permite sobreviver**. Com frequência, se nossa sobrevivência depende de não saber nada, não nos darmos conta de nada, não registrar nada... essa pulsão se enraíza tanto em nosso ser interior que somos capazes de nos idiotizar. Não é que nossa mente não seja capaz. É que **a alma se vê forçada a idiotizar a mente**, justamente para não ser testemunha de atrocidades que — já sabe — não vai conseguir tolerar. Nesses casos, igualmente tentamos o processo da biografia humana, estando atentos para detectar se o ser interior desse indivíduo, em algum momento, sente confiança suficiente para abrir minimamente a roupa — falsa — do tonto que vive nas nuvens, e permite nos imiscuir em cada canto de sua sombra.

Tudo é possível e às vezes nada é possível. Essa é uma metodologia que exige **treinamento, arte, empatia e experiência**. Não veste bem em todo mundo. Mas há algo que acredito ser fundamental: nós nos envolvemos permanentemente para desmascarar o "eu iludido" de quem nos consulta, e também para dissuadir a quem queira acreditar ou pensar que o *beagador* "sabe" ou é um "gênio" ou o que for. É indispensável deixar claro que esta é uma investigação que fazemos **entre duas pessoas**. Alguém que sofre e pede ajuda externa para se compreender mais, e alguém que — por não estar envolvido na trama das cenas familiares — vai ajudar a organizar o cenário completo de fora.

Para conseguir, vai se ocupar de trazer **as vozes de todos**. Também vai estar atento para não entrar no palco de quem o consulta. Se damos uma opinião pessoal, já estamos colocando um pé nesse cenário. Se nos angustiamos com os relatos, também. Se nos horrorizamos, idem. Por isso, é indispensável ter participado de muitos relatos com um olhar *"beagadorístico"*, e ao mesmo tempo continuar cotejando permanentemente os cantos de nossa própria sombra, para que nosso personagem não se incorpore ao trabalho que estamos realizando no **território do outro**. Temos de nos tornar apenas um meio que possibilita, questiona e organiza. Nada mais. Nem menos. Nossas opiniões pessoais não têm lugar, nem nossas teorias filosóficas, nem nossas crenças, nem nossa moral. É o terreno do outro. Nessa função, nós, *beagadores*, somos apenas um canal que se põe à disposição para a busca da verdade interior de outro indivíduo.

O que acontece se parece "forte" demais o que dizemos a um consultante? Essa é uma fantasia habitual. Na verdade, ninguém pode dizer nada mais "forte" ou doloroso do que aquilo que o indivíduo já vibra em seu interior, saiba ele disso ou não. De qualquer forma, não se trata de fazer interpretações a torto e a direito. Apenas de nomear tudo aquilo que **não foi nomeado** no passado. Se algo realmente encaixa na vivência interna do indivíduo, simplesmente vai corroborar para que "isso" que ao longo de sua vida sentiu "seja dito" com palavras parecidas com as que o *beagador* está utilizando. E se não lhe "cabe", então dirá que não, que não se sente assim. Significa que estamos nos enganando e teremos de desviar nossa pesquisa para outro lado. Ou não nos expressamos corretamente. Por isso, faz muitos anos que fui incorporando o uso de imagens, ou metáforas, para simplificar o uso das palavras e tentar resumir vivências verdadeiras, mas difíceis de explicar.

O trabalho de acompanhar o processo das biografias humanas é detetivesco. E ingrato. Pois deparamos com realidades muito mais hostis, violentas, desumanas ou ferozes do que imaginávamos. **Procurar a sombra sempre é doloroso. Mas permanecer cego é mais doloroso ainda.**

O que acontece se a pessoa que inicia seu processo de biografia humana e decide mudar muitos aspectos de sua vida depara com o fato de que seu cônjuge, por exemplo, não está disposto a mudar nada? Por acaso não é melhor fazerem esse percurso juntos? **Não.** Esse é um pedido frequente das mulheres. Nós, mulheres, arrastamos nossos maridos para que venham, ouçam, entendam e **nos deem razão.** É claro que a proposta de integração da sombra não busca dar razão a ninguém contra a razão de outros, mas exatamente o contrário: propõe compreendermo-nos mutuamente nas razões de nossos respectivos personagens e, então, decidir se estamos dispostos a abandonar esses personagens para viver uma vida mais ligada à **verdade interior.** Quando pretendemos que nosso cônjuge venha para a consulta, continuamos pensando que "o outro deve mudar". Nada mais distante da verdade. Só a própria pessoa pode mudar.

Na verdade, isso que não gostamos no outro — seja nosso parceiro, pais, irmãos, filhos, vizinhos ou sogros — simplesmente reflete uma porção de nossa própria sombra. Se algo se manifesta — feliz ou sofrido — no cenário, é porque faz parte de nossa trama, ainda que não tenhamos registro disso. Se a trama em seu conjunto nos causa sofrimento, sempre poderemos **mudar a nós mesmos,** e então o ambiente todo se modificará. É como um jogo de xadrez: quando alguém **movimenta uma peça,** o jogo se move em sua totalidade.

Quanto à conveniência de convencer o cônjuge, por exemplo, para que empreenda essa viagem, só quero acrescentar que se quem nos consulta (no caso de ser uma mulher) começa a registrar seu personagem, entende seus benefícios, admite o preço que faz os outros pagarem para sustentar-se nesse papel, aceita as vozes dos outros, olha o panorama completo e identifica o que provoca nos outros, talvez seja capaz de **mudar**. E quando mudar, quando relaxar, quando ouvir, quando parar de brigar, quando espontaneamente se dirigir a seu marido de maneira mais amável e carinhosa... então o marido genuinamente interessado dirá: "Eu também quero fazer 'isso'".

Para mim, é interessante notar que quase nunca os homens que passam pela experiência de organizar sua biografia humana estão dispostos a convencer suas mulheres ou namoradas a fazer o mesmo. Em geral, há menos personagens manipuladores entre os homens do que entre as mulheres, mesmo que isso não deixe de ser uma observação baseada em registros de minha instituição que, sem dúvida, são discutíveis.

REFORÇAR O PERSONAGEM QUE NOS DEU AMPARO

Vamos considerar que o personagem que organizamos teve um propósito fundamental: fazer-nos **sobreviver ao desamparo**. A principal intenção inconsciente foi a de não sofrer demais. Para isso, além de aceitar a roupa imposta pelo adulto mais importante — que em geral foi nossa mãe —, nós, indivíduos, costumamos agregar vários adjetivos, enquanto contamos a nós mesmos uma história carregada de fantasias para em seguida acreditar que essa história é real.

Por isso, é frequente que, quando o consultante relata histórias do passado, haja anedotas agradáveis e divertidas. Mas atenção, pois se **somos atraídos por esse relato** — pelos motivos que sejam —, teremos caído no **feitiço**. Esse feitiço faz parte dos artefatos de certos personagens, em especial dos muito expressivos, cômicos, exagerados, irônicos ou cínicos. Aqueles que acrescentam sal e pimenta às histórias e exatamente por isso atraem a atenção dos demais personagens.

Costumo repetir para os meus aprendizes: "A curiosidade mata o beagador". Quero dizer, se caímos na bisbilhotice, para ter mais detalhes de um relato que nos fascina... perdemos nossa função, entrando no campo de quem nos consulta, perdendo objetividade. Registrar esse afastamento como observador externo é difícil, pois como saber o que perguntar para entender melhor o cenário e como saber o que devemos perguntar quando isso responde a uma curiosidade subjetiva? Consegue-se com treinamento. Mas pelo menos quero deixar estabelecido que significa estarmos atentos e não nos deixarmos enfeitiçar por telenovelas, pois para isso existe a televisão.

Então, lembremos que o personagem foi nosso principal **refúgio**, e isso não foi pouca coisa quando fomos crianças. O problema é que crescemos, nos tornamos adultos, mas continuamos acreditando que nossa mãe é a dona do nosso cenário e que deveremos enfrentar o mundo com os mesmos recursos infantis que utilizamos no passado. Por isso nos aferramos a nosso personagem ainda mais.

Por exemplo, se nos convertemos nas "amazonas" que defendem as causas justas de arma em punho, estaremos associadas a qualquer causa própria ou alheia. Se somos o frágil doente de asma, enfrentaremos os acontecimentos a partir da fragilidade e do não conseguir nos encarregar de nada. Se somos dependentes químicos, permaneceremos aferrados às nossas substâncias tóxicas favoritas, com uma total falta de disponibilidade para o outro.

O incrível é que, sendo adultos, continuamos nos entretendo com o mesmo jogo da infância. Acontece que, quando descobrimos que esse personagem nos foi colocado por mamãe, papai, o avô paterno ou quem quer que seja, acreditamos que a culpa é desse familiar. Aqui começa a tarefa mais ingrata: reconhecer que temos dedicado grande parte de nossa energia vital para lustrar, embelezar, adornar e completar o personagem, porque necessitamos dele mais do que do ar que respiramos. Sem nosso personagem não sabemos viver, não sabemos quem somos, não sabemos como nos relacionar com outros, como trabalhar, como fazer amor, como sustentar nossa moral.

Por isso, quando um *beagador* nos mostra o nascimento desse personagem e como continuamos desempenhando as cenas familiares em um *continuum* absurdo, gerando mais sofrimento e desencontros que amor, nos justificamos e defendemos nossa mãe, dizendo: "Mas algo de bom minha mãe deve ter feito, afinal sou um bom engenheiro, tenho três filhos, uma esposa carinhosa e um mestrado nos Estados Unidos". Sim, claro. Mas **estamos procurando sombra**, então tudo de bom que nossa mãe fez está ótimo, agradecemos muito, e é por isso que gostamos dela. Voltemos à nossa questão. Procuramos detectar nossos personagens — que são os mecanismos com os que conseguimos sobreviver à nossa infância — e então como contribuímos em uma trama determinada, com certos resultados dos quais agora não gostamos.

Por exemplo, nosso irmão acaba de se suicidar. No entanto, acreditamos que não temos nada que ver com isso. Não estou dizendo que somos responsáveis pela decisão desse irmão. Digo que fazemos parte de uma trama na qual alguém, por motivos que **pertencem à trama completa**, decide partir. Ou adoecer. Ou brigar com todos. Ou o que for.

Quando estamos a ponto de admitir os cenários completos incluindo nossos funcionamentos automáticos, nos produz uma fisgada. Automaticamente nos aferramos ao personagem, rejeitando ideias que não queremos escutar, muito menos se referem às incapacidades afetivas de nossa mãe quando fomos crianças. Já sabemos que as mães são sagradas. As "ofensas" funcionam extraordinariamente bem. Quando nos ofendemos, os demais nos pedem desculpas e ninguém se atreve a mostrar nem a dizer nada que não seja agradável aos nossos ouvidos. Este é um momento em que às vezes os indivíduos abandonam o processo da biografia humana. E então, o que fazemos? Nada, é assim. Se estamos cumprindo a função do *beagador*, compreenderemos que, sempre, os indivíduos têm razão (a partir do personagem).

Por exemplo, um consultante em pleno choque diante do suicídio do irmão sente de imediato que não serve para nada estar revisando tantos acontecimentos de sua infância, porque não pode "salvá-lo". Ou que é dolorido demais remexer velhas feridas. Muito bem. A consciência sabe quando é o momento perfeito. Talvez essa pessoa volte cinco anos depois, menos impactada e com uma sensação suave de que estava em um caminho rumo à verdade que não encontrou em outros âmbitos, e vai tentar novamente uma aproximação.

Quero dizer que, em momentos críticos, espera-se que voltemos a nos aferrar à nossa roupa, como se disséssemos: "Sim, e daí, sou o 'Super-Homem' e não me importa o que os outros pensam". Justamente, nos momentos em que nos sentimos mais frágeis, quaisquer que sejam os motivos, mais nos aferramos aos nossos mecanismos infantis que nos deram amparo. Isso é vestir a roupa e fechar-se. De nada vale fazer força para tirar o indivíduo dali. A melhor opção é compreender que os tempos são muito pessoais, e que se em determinado momento necessitamos "voltar ao refúgio", então... que sorte que o temos!

O FASCÍNIO GERADO PELOS PERSONAGENS

Há um obstáculo frequente para todos os que queiram treinar-se no acompanhamento de buscas pessoais: o fascínio que certos personagens nos causam. Sobretudo os discursos iludidos desses personagens. Os empreendedores mais do que os depressivos. Os carismáticos mais do que os calados. Os espirituais mais do que os materialistas. No entanto, é aí que temos de colocar em jogo nossa lucidez. O indivíduo que tiver conseguido, por meio de seu personagem, maior admiração das pessoas à sua volta, será o mais difícil de desmascarar. Porque está acostumado a receber reconhecimento por seu trabalho ou agradecimentos apenas por sua presença. Por que uma pessoa tão encantadora faria terapia, então? Porque considera que alguém próximo não é tão encantador quanto ele ou ela.

Por exemplo, um mestre de ioga vem à consulta. Poderia ser um padre. Ou alguém em quem projetamos admiração e respeito, um líder espiritual ou comunitário. No entanto, assim como todos os seres humanos, ele tem **sombra**. Dito isso, está tão comodamente instalado em seu personagem que dificilmente reconhecerá uma dificuldade **pessoal**. Vamos supor que tenha vindo porque sua esposa está grávida (nesse caso, vamos escolher o mestre de ioga; se fosse o padre católico, estaríamos com problemas). Ele quer que ela se aproxime da espiritualidade, que consulte médicos naturalistas e tente um parto humanizado. Mas ela não quer saber do assunto, está assustada e não imagina se afastar do médico mais convencional. E mais, está indo ao médico da própria mãe, das tias e da irmã mais velha. Muito bem. Nosso consultante, elevado e místico, com um rosto invejavelmente belo e sereno, vem em busca de ajuda. Na verdade, quer saber como ajudar a esposa.

Aqui podem acontecer duas coisas: a primeira é que desmoronemos fascinados com esse ser espiritual — que além de tudo vem nos consultar, o que aumenta consideravelmente nossa autoestima —, então decidimos ouvi-lo e depois provavelmente lhe daremos razão. Aí nosso personagem deslizou para o terreno alheio, do consultante. Precisamos de apenas um segundo para nos afastar do nosso papel de acompanhar em busca do material sombrio. Quando a campainha interna nos avisa que estamos nos desviando de nosso propósito, outra campainha que mantém a excitação nos diz que também não precisamos ser tão exagerados, que esse ser maravilhoso veio perguntar algo muito simples. Como não lhe passar os contatos de médicos ótimos e respeitosos, como não lhe explicar que, se não for a um médico alternativo, vão acabar roubando o parto de sua mulher? Como não nos aliar, garantindo que esse médico, que atendeu a mãe, a tia e a irmã, vai fazer uma cesárea, como fez com as familiares da esposa? O fascínio nos enganou. Apesar disso, esse ser incrível, que transborda saúde, irá para casa muito contente. E cego.

A segunda opção é propor que ele organize sua biografia humana. Ele? Ele, submeter-se a contar coisas pessoais a um *beagador* qualquer que deve ser muito pouco espiritualizado? Talvez se ofenda. Está em seu direito. Sempre podemos explicar-lhe que a esposa é dele, não nossa. Que ele a escolheu, que ele a ama, que ele convive com ela, que ele a engravidou, que com ela espera um filho e que, talvez, ela encarne a parte de rigidez, de medo ou de inflexibilidade que lhe pertence, mas que ele não assume como dele. Fácil assim. Algo tem que ver — ele, sua sombra, suas projeções — com esse medo manifesto agora nas escolhas de sua mulher. Podemos investigar juntos, pois talvez não seja preciso mudar de médicos, talvez ele tenha de assumir a porção de rigidez que lhe cabe, e então, talvez, sua mulher se sinta no direito de relaxar. Não sabemos, mas podemos pesquisar. Então, se estiver de acordo, organizaremos sua biografia

O PODER DO DISCURSO MATERNO 95

humana com o mesmo calor, habilidade, atenção e carinho que a de qualquer outra pessoa. É possível acompanhar o processo da biografia humana de uma pessoa que admiramos? Só na medida em que detectemos que caímos no fascínio e somos capazes de afastar nossa influência pessoal. Se não conseguimos fazê-lo, não estaremos em condições de trabalhar com esse indivíduo. Nesse caso, é melhor indicá-lo a um colega. Quero dizer, não é impossível, mas é preciso ter claro o que nos acontece e ser capaz de observar esse indivíduo, como todos, com suas luzes e sombras, mantendo a intenção de averiguar o que há do outro lado. Se concluirmos essa investigação, buscando a verdade por fora dos discursos iludidos, é possível que então admiremos ainda mais esse ser, por sua influência, dedicação, humildade e bondade. Enfim, porque constataremos que é um sábio de verdade.

4. Histórias comuns

Tudo que temos é aquilo que mamãe disse. Imaginemos um ator que entra no palco sem ter um roteiro escrito para seguir. Seria terrível. Do mesmo modo, na vida cotidiana entramos no palco com o conjunto de ideias e supostos que já temos organizado, com o personagem já pautado. Além disso, levemos em conta que a firmeza de todos os personagens costuma ser a mãe (supondo que o discurso oficial em nosso cenário seja o materno). Então, se colocamos em dúvida o **discurso materno**, o cenário completo desmorona. Portanto, **os filhos costumam ser os principais defensores daquilo que mamãe disse**. Ofendemo-nos quando alguém quer desmerecer, desautorizar ou desqualificar o discurso oficial. Simplesmente porque isso desarma toda a trama que nos sustenta. Inclusive se sofremos, preferimos que as coisas permaneçam estáveis. Essa é uma tendência habitual da conduta humana.

Esses esquemas se repetem na maioria dos casos, portanto vou me valer de alguns exemplos. Quero deixar claro que todos os exemplos de "casos reais" não são assim. Ou seja, reúno circunstâncias e crenças reiteradas de determinadas pessoas e as combino com outros casos frequentes de outras pessoas. O propósito é que possamos nos reconhecer na maioria desses casos oferecidos. Também quero esclarecer que os casos aos quais faço alusão se referem a indivíduos atendidos em minha instituição, por alguma das *beagadoras* de minha equipe. Portanto, escolherei um nome fantasia para eles e usarei *"beagadora"* quando me referir às intervenções de nossa parte.

MIRANDA: A INVISIBILIDADE COMO REFÚGIO

Miranda tem 41 anos. É psicóloga, mas nunca exerceu a profissão. É funcionária de uma loja de eletrodomésticos. Tem um bebê de cinco meses que se chama Luca. Leu alguns livros meus que a comoveram, já que encontrou a descrição exata das sensações de terror e loucura que estava vivenciando durante o puerpério. Diz ser uma pessoa aficionada à leitura e quer começar um processo de questionamento pessoal em função da crise que diz padecer desde o nascimento do filho.

Chega pela primeira vez com o bebê dormindo em um carrinho. É bonita, tem um aspecto etéreo, dá a sensação de flutuar no ar, pele branquíssima e olhos muito claros. Nós lhe propomos começar o processo de sua biografia humana.

Desde o início do relato aparece o desprezo da mãe em relação ao pai. Aparentemente, mamãe depreciava a origem do esposo, um pouco mais humilde que a dela. O pai aparece embaçado, Miranda diz que "era submisso". No entanto, perguntando especificamente sobre seu pai, sabemos que sempre sustentou toda a família. Desse casamento, nasceram quatro filhos, Miranda é a terceira. Além dessa informação, Miranda **não se lembra de nada**. Não só de acontecimentos relativos à sua infância, nada também de sua adolescência e juventude. É um dado importante: se um consultante não se lembra de nada ou quase nada de seu passado, é porque a consciência se viu obrigada a enviar para a sombra vivências extremamente duras para a psique de uma criança. Portanto, podemos já suspeitar que o nível de violência, visível ou invisível, deve ter sido enorme.

Dizíamos então que Miranda não se lembra de nada. Nem dos pais, nem dos irmãos. Viviam em uma casa humilde, sem relações afetivas fora da família nuclear. Perguntamos sobre medos. Nada. Doenças. Nada. Amigos. Nada. Lembranças do jardim de infância. Também não. No entanto, diz de si mesma que era um pouco boba. Quem disse? "Ninguém, simplesmente minha cabeça não funcionava muito bem." Insistimos que alguém **a chamou com palavras depreciativas**, supondo que foi a mãe. Perto dos 10 anos — não sabe precisar — aparecem algumas lembranças das agressões verbais e então físicas da mamãe. Não se lembra de quem os levava ao colégio, acha que iam sozinhos. Em relação às tarefas da escola, acha que fazia sozinha em seu quarto. Acha que papai voltava muito tarde do trabalho, mas quando mamãe começava a gritar e a bater, ele saía, não sabe para onde.

Muito bem, neste ponto paramos e começamos a **nomear** com novas palavras o que provavelmente acontecia: as surras de mamãe deviam ser ferozes. Permanentes. Enlouquecedoras. Carregadas de desprezo e humilhantes. Miranda, sendo criança, acreditava que tinham razão de ser e, para permanecer fiel à mãe, se tornou um pouco boba, sem pensar, sem se conectar, sem "estar" presente. Miranda concorda com olhos anestesiados, como se não houvesse rastros de emoção em seu rosto. Tratamos de perguntar um pouco mais sobre as trocas entre os irmãos, alianças ou inimizades, mas não aparece nada: nem lembranças, nem afeto, nem conversas com nenhum dos irmãos. Mamãe **espancava** sem distinção de idade ou sexo, **batia indiscriminadamente**. Lembra-se de si mesma e de seus três irmãos como um bloco em que a mãe descarregava sua fúria. Perguntando mais ainda, consegue dizer: "Na verdade éramos cinco. Incluindo papai. Mamãe dizia que éramos cinco idiotas".

Vamos puxando um fio sutil, estabelecendo certas prateleiras sobre as quais apoiar os prováveis acontecimentos. Então, aparecem reminiscências dela na escola, muita timidez. Também se lembra de que gaguejava, o que impossibilitava ainda mais o intercâmbio com outras crianças. Esse era outro motivo para receber castigos de mamãe. Apesar de tentar trazer lembranças de passeios, férias de verão, atividades extraescolares ou fatos cotidianos, estamos diante do nada em si. A adolescência continua igual, em um colégio de freiras. Aparecem mais cenas de mamãe insultando e maltratando a todos. Então a profissional, com jeito, diz que possivelmente o que aconteceu foi tão atroz que a memória não consegue se organizar. Miranda se lembra de ter menstruado pela primeira vez aos 12 anos, as freiras a ajudaram, já que não tinha passado por sua cabeça avisar a mãe. Nem a irmã mais velha. Atravessa todo o ensino médio sem lembranças, os rapazes lhe dão medo. A falta de vitalidade no relato é gritante. Como se Miranda não fosse de carne e osso, como se não estivesse presente. Mostramos a ela uma imagem desenhada de uma mãe monstro aterrorizando seus filhos. Miranda acha que é exagerado.

Já temos uma primeira hipótese e a compartilhamos com nossa consultante. O terror e o horror foram tão grandes que, quando criança, decidiu esquecer, minimizar ou até fazer desaparecer qualquer evidência dos maus-tratos recebidos. Também consideramos a primeira sensação que tivemos ao vê-la: invisível, etérea, volátil, como se não houvesse encarnado no mundo físico. Acreditamos que foram boas estratégias da consciência, para se esfumar e não sofrer.

Então emprestamos palavras para nomear sua invisibilidade, sua falta de corpo, encontrando um refúgio seguro na "não existência". Se alguém não está, não é possível maltratá-lo. Miranda responde que é exatamente assim, que se sentiu assim a vida toda. Perguntamos quando as surras da mãe terminaram. Diz que acha que aos 19 anos. Em determinada ocasião parou diante dela e disse "chega". A mãe não lhe bateu mais.

Depois, mostramos a ela uma segunda imagem — que corresponde ao que estamos definindo como seu personagem.

Uma **jovem invisível**. Então confirmaremos e veremos as vantagens e desvantagens desse disfarce. Revisamos um pouco mais a cronologia dos fatos. Uma vizinha começa a estudar psicologia, então Miranda decide entrar na faculdade com ela. É tudo. Quem deseja — nesse caso, estudar psicologia — é a vizinha. Fazemos notar a Miranda sua "não existência", seu "não desejo". Miranda concorda, dizendo: "Isso mesmo, nunca senti vida dentro de mim". Vamos confirmando a hipótese sobre o personagem que lhe deu amparo. Uma nada. Para Miranda, o mais saudável é não existir, desaparecer. A partir desse personagem invisível, possivelmente vai constituir sua trajetória pelo mundo. Concorda. Até pergunta se a anemia crônica que ela padece pode ter alguma relação. É possível. Não há sangue nesse personagem. Concorda de novo, levemente perturbada. Então continuamos.

Seguindo a lógica, é óbvio que não há vínculos, nem contatos, nem relações afetivas. Se Miranda é invisível, quem vai notá-la? Concorda com cada palavra, abrindo seus grandes olhos azuis. De todo modo, ela se forma psicóloga, mas mal se vê obrigada a realizar umas práticas em um hospital, atendendo a alguns pacientes, foge aterrada e nunca mais volta. Mesmo dizendo com certa vergonha, respondemos que é lógico, que encaixa perfeitamente no personagem que traçamos até agora. O "nada" não tem substância para enfrentar um paciente de carne e osso. Estudar é mental, podemos fazê-lo sem corpo. Mas o vínculo concreto com outro indivíduo exige intercâmbio e presença concreta.

Então explicamos a Miranda que ela devia ter horror a quase tudo, exceto às surras. E aqui temos outra hipótese: se tudo que Miranda conhece como amor foram tapas e pancadas, então Miranda deve ter também horror a si mesma e a sua possível materialização, porque se ela se personifica, se se faz visível, ela mesma se transforma em uma bomba-relógio. Enquanto é imaterial, por sua vez, enquanto não tem corpo, nada de ruim pode acontecer. Explicamos assim, com palavras simples.

Miranda responde, surpresa: "Deve ser por isso que a gravidez e o parto foram tão complicados". Talvez, abordaremos isso. Por ora, estamos traçando uma hipótese sobre a constituição desse personagem. Até o momento, temos alguém imaterial. A simples ideia de enraizar em um físico concreto assusta.

Continuamos a cronologia: passa por alguns empregos... invisíveis, claro. Empregada em locais diferentes. Tem pânico de atender ao público. Miranda dá um jeito de organizar a mercadoria, coisa que os demais funcionários costumam agradecer. Há 11 anos, é funcionária do mesmo local, trabalha 12 horas por dia, inclusive aos fins de semana. Perfeito para desaparecer!, dizemos com ironia. "Nunca tinha pensado assim!", responde Miranda. Chora um pouco. Continuamos investigando, ainda que haja muitas perguntas que formulamos e muito poucas respostas, simplesmente porque "o nada" habita sua vida. Estamos diante de uma bela mulher de mais de 40 anos, com um bebê lindo nos braços. Pretendemos averiguar o início de sua vida amorosa, mesmo que tenhamos a sensação de que tudo deve estar tomado de muita distância emocional. Porém — fazendo "futurologia" — é provável que, ao falar de contato sexual, de gravidez e de parto, não tenhamos opção além de incluir o **corpo**, com o perigo emocional que isso provocará. Isso é algo que comunicamos a ela. Também compartilhamos a sensação de ter com Miranda uma ferramenta positiva: as pessoas refugiadas na mente costumam ser muito inteligentes, e isso atuará em favor da compreensão de seu cenário. Despedimo-nos dela com seu bebê — que quase não chorou —, propondo-lhe que acabe de repassar o cenário completo no encontro seguinte.

Uma semana depois, ela volta à consulta sem o bebê. Preferiu deixá-lo com a mãe. Com a sua mãe? Você acha que sua mãe pode tomar conta de seu filho? "É minha mãe! Ninguém melhor do que ela para cuidar dele!" Bem, isso é o que chamamos de "**defender o discurso materno**". Porque não importa a violência que a mãe tenha lhe infligido no passado, o que conta é o que a mãe **disse**. As decisões de Miranda respondem ao discurso **internalizado** que funciona no interior de Miranda e coloca sua mãe no lugar de mãe responsável. Mostramos esse cenário completo: a história dos **fatos** e a história dos **ditos**. Miranda compreende perfeitamente a diferença, tenta defender a mãe alegando que agora não é tão ruim assim, mas não importa, nós não acusamos a mãe, apenas mostramos o que existe. Então fazemos um resumo do que foi visto na semana anterior: **sua invisibilidade, seu terror**. A partir dessa revisão, Miranda diz ter se lembrado de alguns medos de criança e adolescente: medo de caminhar sozinha pela rua ou como tremia quando um homem se aproximava dela. Perguntamos como é para ela "ser invisível". Se é que quando ninguém a vê, ela tampouco registra; ou se, a partir do "não ser vista", ela vê os demais. Com toda certeza, responde que a partir das "sombras" ouve, observa e sabe de tudo.

Continuamos a cronologia: aos 35 anos, conhece Diego, seu atual marido e pai de seu filho. Diego foi funcionário do mesmo local. Passou um tempo curto ali, depois de poucos meses conseguiu um emprego melhor em outra loja. Mais ou menos quando Diego muda de trabalho, começa a relação entre eles. Como imaginar o início de uma relação afetiva a partir da vivência de uma mulher invisível? É difícil, claro. Apesar de sua idade, os primeiros beijos foram terríveis; Miranda confessa que tremia como uma folha.

Vamos imaginar as relações sexuais então. Miranda diz não saber como descrevê-las, simplesmente ela decidiu "desaparecer mentalmente" quando aconteciam.

A *beagadora* tenta estabelecer fatos concretos, mas Miranda cai em um buraco negro de esquecimentos. Miranda não se lembra, não sabe, não entende o que faziam juntos nos momentos de lazer, nem o que compartilhavam, nem sobre o que conversavam. Ambos trabalhavam muitas horas, cada um em uma loja. Dá a sensação de que, mesmo com um homem concreto ao lado, Miranda não consegue tornar-se material. Há dois anos decidem alugar juntos um apartamento, dividem as despesas. Tentamos saber quem é Diego, mas é difícil para Miranda conseguir dizer algo que o descreva. Apenas menciona que é silencioso, que não gosta de conflitos, que é introvertido. Até aí, encaixa bem o bastante no que Miranda consegue tolerar.

Colocamos palavras: vive com um homem introvertido. Não conversam, quase não fazem amor, ambos trabalham muitas horas por dia. Não têm relações afetivas fora do casal nem mantêm relações com as famílias de origem. Não sabemos quem é Diego, mas parece ser outro ser invisível, ou pelo menos alguém a quem cabe muito bem estar com uma mulher etérea, cujo nível de demanda ou de expectativas é baixíssimo.

A questão é que um dia fica grávida. Diz ter tido esse desejo há muito tempo, apesar de não ter conversado com Diego, porque "com ele não dá para conversar". Ao perguntar pela gravidez, responde que "estava muito feliz". Como é difícil acreditar, formulamos perguntas mais concretas, sobre suas mudanças hormonais e físicas, e suas sensações corporais, já que a gravidez real acontece **no corpo**, terreno perigoso para Miranda. Lembra-se de pouco ou nada, apesar de ter um bebê de apenas cinco meses. A essa altura, dizemos a Miranda que, cada vez que algo se materializa, sua consciência entra em um "manto de esquecimento" que parece defendê-la de qualquer ataque.

Até agora, sabemos que, toda vez que não se lembra, é porque o fato em si foi profundamente significativo para sua vida.

Considerando que Miranda vê, observa, pensa e lê! Portanto, é provável que tenha lido tudo em relação à maternidade, partos, amamentação, cuidados com o bebê e temas afins. E que, lendo, tenha sentido que estava envolvida pessoalmente em seu processo de gestação. Coisa que, de seu ponto de vista, é verdade. Mas o que irá para a sombra será sua capacidade de **contato**. É possível que a crise se faça presente quando o bebê nascer e **pedir contato físico**. Compartilhamos esse pensamento com Miranda, com essas mesmas palavras. Porque estamos observando juntas o cenário completo, seus movimentos, suas capacidades e aqueles acontecimentos que forçosamente terão de acontecer. Já sabemos que o bebê será **puro corpo**. E isso será um problema para o personagem **invisível** de Miranda. Suspeitamos que ela dificilmente seja capaz de atravessar um parto. Mas precisamos perguntar para confirmar.

De fato, ela nunca conversou com seu obstetra. Depois da 40ª semana, como não teve contrações, lhe fazem uma cesariana. Todas as opções que a *beagadora* incorpora trazem como resposta um olhar atônito por parte de Miranda, portanto nunca saberemos exatamente o que aconteceu: se lhe introduziram soro, se teve contrações, se sentiu dor, se teve medo, se ela mesma pediu a cesárea antes de submeter-se às leis do corpo.

O caso é que o bebê nasce. Mesmo tendo lido em detalhe tudo que se escreveu sobre amamentação, não pôde dar de mamar porque não tinha leite suficiente. Vou poupar meus comentários a respeito, porque é claro que Miranda não devia tolerar o bebê colado a seu corpo, e essas coisas não se resolvem com indicações pertinentes sobre a arte de amamentar. Mas registrando o medo com relação ao **corporal**, medo que a salvou — quando criança — das surras da própria mãe. Talvez mais adiante, se a consultante estiver disposta, será possível aprofundar sobre esse medo visceral, primário, infantil, real e desgastante, com o propósito de ajudar essa mulher que virou mãe a conectar-se com o filho e, por conseguinte, conseguir amamentá-lo. Mas, por enquanto, essas são expectativas altas demais. Voltemos ao vínculo dela com Luca. Miranda não registra quase nada, diz que tudo vai muito bem, mas acredita que Luca é exigente demais. Que não quer ficar com o pai. Perguntamos a ela o que isso significa. Não sabe. Respondemos que Luca tem cinco meses, que é provável que receba pouco corpo, pouco contato, pouco tempo, e que, se além disso ela pretende deixá-lo com outra pessoa que não seja ela — mesmo que seja o pai, que, em termos fusionais, para o bebê equivale a alguém "externo" — logicamente o bebê vai protestar. Pelo que concluímos juntas, dificilmente o bebê tem a opção de ser muito "exigente". Ao contrário, é provável que tenha de se adaptar ao pouco que tem: pouco corpo, em suma.

Miranda interrompe dizendo que ela tem de voltar a trabalhar, que sua licença-maternidade está terminando. OK, abordaremos esse tema em breve. Antes, seria bom determinar como Luca passa seus dias e noites **a partir do ponto de vista dele**. Ou seja, precisamos imaginar, em um panorama relativamente desolador para um bebê, como se faz para obter minimamente aquilo de que necessita. Então, conhecendo o nível de amparo ou satisfação das necessidades mínimas que requer um bebê de cinco meses, resolveremos o que propor a Miranda quando voltar a trabalhar. Por ora, o problema não é que a mamãe volte a trabalhar, mas quão **invisível, imaterial e etérea** é essa mãe para um bebê de carne e osso, que necessita de contato fusional, real e concreto. Explicamos isso a Miranda com palavras simples, mostrando que, a partir de agora — levando em conta o personagem que ela tem usado ao longo de 41 anos e lhe permitiu sobreviver —, trataremos de ver como o bebê conseguirá viver sua vida apesar da "não substância" de sua mãe.

Há algo mais que a *beagadora* explica: Miranda, se constatamos que aparecer é perigoso, é possível que reaja com fúria, medo e terror quando seu bebê tenta desesperadamente gerar contato com você. A cara de Miranda se transforma. Ela se põe a chorar descontroladamente. Grita, vociferando que na verdade é uma péssima mãe. Abraçamo-la. Ela permite. Diz entre soluços que o abraço não está doendo. Despenca sobre a *beagadora*. Chora como nunca chorou na vida. Balbuciando, diz que, em alguns momentos, tem medo de machucar o bebê, que tem sonhos em que o bebê morre e ela se sente aliviada. Que logo desperta e pensa que é um monstro. E que agora se pergunta se ama o filho ou se toda essa história de que as mães amam os filhos é uma farsa. Permitimos que chore, pelo menos que contate com o que acontece, com sentir-se prisioneira das demandas corporais e afetivas de Luca, de sua necessidade de se salvar, de não permanecer, de não estar ali. Com o desejo de não possuir um corpo real que foi machucado, ferido, espancado.

A *beagadora* suavemente coloca palavras que deem nome a tudo que conversaram. A realidade é a realidade. Não há metas a cumprir nem modalidades de boa mãe. Na verdade, os objetivos inalcançáveis a que nos propomos costumam resvalar no absurdo, e se se trata de metas moralmente elevadas, mais ainda. No momento, Miranda merece compreender, com a alma de uma mulher adulta, os sofrimentos que teve durante a infância e, sobretudo, **o personagem que a salvou. Desaparecer foi seu melhor truque.** Hoje, esse mesmo personagem a encarcera em um mar de impossibilidades.

Observemos que as coisas não se resolverão quando alguém com boas intenções disser a Miranda que tem de dar o peito ao bebê mais vezes ou que seria melhor que não volte a trabalhar. A única coisa que importa é que Miranda se observe, e comprove que ela, se quiser, pode ir tirando a máscara, pouco a pouco, porque **ninguém vai bater nela**. Sua menina interna acredita que sim, mas a adulta que habita dentro dela tem o direito de saber que **isso é uma história do passado**. Ainda que compreendamos que agora ela continua chorando a dor do açoite.

Depois de pôr todas as cartas na mesa, e sentindo-se endossada e acolhida com compaixão por sua *beagadora*, Miranda se atreve a dizer à profissional que bateu no bebê algumas vezes. Sim, claro. O nível de contato corporal que o bebê reclamava deve ter sido intolerável. Miranda esperava uma reprimenda da profissional, porque está contando algo moralmente errado. No entanto, não estamos ali para julgar ninguém. Estamos apenas compreendendo um cenário completo com sua própria lógica, e o partilhamos com o dono dessa vida.

"E o que faço agora?" Essa é a pergunta que quase todos os consultantes costumam fazer quando nos aproximamos da lógica dos cenários completos. Costumamos responder: O que quiser, estamos aqui para acompanhá-la no que decidir. Este é um bom ponto, abrem-se todas as portas que cada indivíduo, consciente de si mesmo, está disposto a abrir. É claro que oferecemos nossas propostas. Neste caso, por causa da existência de uma criança, a acompanharemos para ir enraizando pouco a pouco, por conta da demanda genuína de seu filho. Compreendemos seu medo, mas também insistiremos que esse medo é infantil, e que agora ela tem recursos — como mulher adulta — para diferenciar o passado do presente. Vamos lhe propor que se deixe levar pelos sinais de seu pequeno filho, constatando que agora ninguém pode lhe causar dano. Trata-se de treinar a vida cotidiana dentro de um novo paradigma, e como todo treinamento, requer paciência, boa companhia e um firme propósito para viver em liberdade.

RICARDO: UM FRANGUINHO MOLHADO E FURIOSO

Ricardo tem 44 anos, é casado e tem um filho de 4 anos, Joaquim. Chega mancando. Sua esposa está traçando sua biografia humana na instituição e ele também quer experimentar para ver se lhe serve. Diz que sofre de cansaço e dor nas pernas, formigamento e rigidez nos joelhos. Está medicado com corticoides e anti-inflamatórios. Diz que está farto de ficar doente, tem problemas nas articulações, parece artrite. Propomos começar a percorrer sua biografia humana, começando por estabelecer seu cenário de infância.

Seu pai era policial. Não concluiu o ensino fundamental. Não falava, era bruto e batia. No entanto, era o único que estava presente na família. A mãe era professora primária, mas parecia viver em outro mundo. Não cuidava da casa nem dos filhos. Ricardo não sabe onde a mãe estava. Essa mulher teve nove filhos. Ricardo é o primeiro. Diz que por isso se tornou o mais forte de todos, o mais "sacana". Suas lembranças de infância são poucas e ruins. O pai os levava à escola, lhes preparava o café da manhã, lavava a roupa deles e também batia.

Ricardo odiava todo mundo e todo mundo o odiava. Passava os dias sozinho, brincava sozinho, não gostava de assistir à TV. Entediava-se e vivia procurando briga, não estudava. Era mal--educado e relaxado. Diz que queria "mandar e ser forte". Até os 10 anos, aproximadamente, seu pai o violentava. Falamos da entrega da mãe, mas Ricardo não entende o conceito e também não lhe interessa. Desde então, teve todo tipo de doença de pele: calombos, alergia. E acrescentou que desde essa época "nunca mais quis que ninguém me tocasse".

A partir dos 10 anos, sua sensação em relação aos outros era: "Me olhe e te mato". Começa a se defender de seu pai e também defende a mãe das pancadas dele. Ricardo fazia xixi na cama todas as noites e isso durou até a juventude, não sabe precisar quando. A imagem da mãe não aparece. De qualquer maneira, dizemos a ele que a mãe fazia parte desse cenário brutal, violento e aterrorizante.

Aos 20 anos, tem uma namorada, mas se sente impossibilitado, não têm relações sexuais. Ela é funcional para ele, pois pretende casar virgem. Então conhece outra menina e fica evidente que não consegue nem tirar a roupa. Também acrescenta com fúria que não é confiável, que sempre manipulou as pessoas. A *beagadora* o escuta e responde que logo veremos se é manipulador ou não. Por ora, temos um menino terrivelmente ferido e furioso. Seus sentimentos são muito básicos, e para manipular talvez precise de um pouco mais de sutileza. Vamos descobrir juntos o personagem que o salva, mas agora estamos colocando todas as cartas na mesa.

A *beagadora* pergunta se ele bateu em alguém na idade adulta. Não, nunca. Não se anima, implica, assusta, mete medo, mas não concretiza. Diz que sua questão é a violência verbal. OK, logo confirmaremos. Enquanto isso, mostramos a ele uma imagem de cavernícolas com adultos brutais batendo em crianças com pedaços de paus, em uma caverna rústica, sem ar e sem saída. Ricardo olha para o desenho e se emociona, murmurando que sua infância foi ainda pior.

Compartilhamos nossas hipóteses: há muita rusticidade, muitos maus-tratos, muita violência, muita injustiça e ignorância. O que poderia ter feito esse menino para sobreviver a esse bando de trogloditas? A opção mais evidente era tornar-se um homem agressor, bestial. No entanto, nos motivos para a consulta, não aparece nada relacionado à agressão ativa; pelo contrário, todo seu corpo dói. Portanto, é provável que toda essa fúria esteja retida dentro dele. Inclusive, talvez tema a própria violência. Dito isso, vamos confirmar com ele.

Aos 22 anos, vai morar sozinho. Procura trabalho e consegue um emprego em um *maxikiosco*[1]. Às vezes dorme ali. Nessa época consegue ter a primeira relação sexual com uma jovem. Mas diz ter se sentido vazio. De qualquer forma, começa uma convivência com essa mulher, que dura 13 anos. A sexualidade era pobre. A *beagadora* lhe faz notar que talvez tivessem uma relação mais fraterna do que de casal. A família da mulher os ajuda, eles alugam um pequeno apartamento.

Também o ajudam a mudar de trabalho, e Ricardo passa a administrar uma pequena empresa familiar. Ele é muito querido pela família da mulher. Por quê? Aparentemente era muito serviçal, colaborava com tudo, lavava os pratos, cortava a grama. A *beagadora* lhe diz que não parece ser um manipulador terrível. Visto assim, é verdade. Parece alguém dócil. Submisso. Calado. Sim.

Investigamos um pouco mais sobre essa relação de casal. Assistiam à TV. Tentamos encontrar um ponto de contato e finalmente determinamos que essa mulher não pedia nada, e com isso Ricardo estava bem tranquilo. Essa relação vai se deteriorando, até que finalmente se separam. Ricardo defende que é "forte", que as mulheres o admiram. Não sabemos se é uma história que conta para si mesmo, porque não parece muito forte. Na verdade, não consegue fazer muita coisa, seu corpo dói — talvez de tanto aguentar sua fúria interna —, faz o que lhe pedem e tenta não enfrentar ninguém. Às vezes, o que um indivíduo diz de si mesmo não corresponde necessariamente ao personagem que adotou. De fato, perguntamos a ele qual a pior coisa que já disse à sua mulher e não sabe responder. Não parece explosivo, sequer com as palavras.

---

1. Estabelecimento comercial muito comum na Argentina, no qual se vendem bebidas, doces, salgadinhos e outros produtos industrializados. [N. T.]

Perguntamos o que mamãe dizia em relação a ele: "Que era mais bravo que meu pai". Muito bem, já compreendemos que se trata do **discurso materno**. Está claro que isso não torna alguém "mais bravo" do que o pai. Nunca bateu em ninguém. Portanto, não pode ser muito bravo. Apesar disso, é possível ter uma percepção clara da **fúria contida**.

A *beagadora* explica isso com palavras simples e desenha um menino (saindo da caverna dos selvagens), cuja pele é um arame farpado, penetrante. Tem pavor de que alguém se aproxime. Ao mesmo tempo, adverte aos demais que também não se aproximem, pois ele pode ser alguém perigoso. No entanto, dentro desse arame farpado, parece haver um franguinho molhado tremendo de frio. Ricardo olha o desenho e levanta os ombros. Diz que está claro. Concorda.

Já estamos definindo o personagem. Em seu interior ainda vibra o menino terno e amoroso que foi, mas disfarçado com uma fantasia de espinhos para se defender de qualquer hostilidade. Aos 38 anos, conhece Maria Fernanda, sua atual mulher e mãe de seu filho.

Faltam a ele palavras para descrever sua mulher, como se não tivesse nada para dizer. Indagando, fomos chegando à conclusão de que Ricardo continuava sendo muito serviçal. De violento e manipulador não conseguimos detectar grande coisa. Ao contrário, Maria Fernanda é ativa, tem desejos, e Ricardo se acomoda à vida da mulher. Depois de um ano de convivência, Maria Fernanda fica grávida. Nesse momento, seus sogros compram uma pequena casa para o casal em uma região suburbana. Ricardo continuava mantendo um emprego com salário baixo. Sofria de muitas dores articulares que o impediam de trabalhar, e por isso nunca subiu de posto. Mostramos a ele as consequências de tanta dor acumulada.

Quando Joaquim nasce, não recebe nenhuma visita de seus familiares. Perguntamos, e não aparece vínculo nem comunicação com seus irmãos e pais, que ainda estão vivos. Os primeiros anos com o bebê foram muito difíceis, como é lógico. Aparentemente, ele não tinha vitalidade nem força física para apoiar Maria Fernanda, e as demandas de sua mulher o superavam. O bebê sofreu broncoespasmos de repetição e todos os dias eram complicados. Ele simplesmente não queria voltar para casa, refugiando-se no trabalho, mesmo não se interessando em absoluto. Não aparecem decisões, nem propostas, nem buscas alternativas de parte de Ricardo. Não se sentia capaz de assumir sua vida, menos ainda de ser responsável pela vida de outros.

A relação de casal foi se deteriorando, ao ponto de que quase não há diálogo entre eles. Mostramos novamente a metáfora que já havíamos usado: um personagem amedrontado, dentro de um arame farpado. Maria Fernanda não pode participar. Nem Joaquim. Quem está presente é o **medo**, manifestado por um corpo cada vez mais imobilizado. Oferecemos a ele o desenho para levar para casa e nos despedimos dele.

Duas semanas depois, Ricardo volta para a nova consulta. Esteve refletindo sobre seus sintomas. Tem pouca mobilidade por causa da dor. Durante um tempo fez acupuntura com um médico chinês que o ajudou. Então abandonou o tratamento. Foi diagnosticado com "artrite indiferenciada". Insistimos que não é possível que seja "muito bravo"... estando quase imóvel. Ricardo continua se surpreendendo, porque ainda **acredita** nas **palavras da mãe**, considerando a si mesmo um homem agressivo e perigoso para os demais.

Tentamos nomear os benefícios ocultos dessa enfermidade que o imobiliza, a *beagadora* pede que escreva em uma folha do que tem medo, já que o medo parece inundar seu cenário. Escreve: "Medo de ser eu. Medo das pessoas. Medo de minha mãe. Medo de minha esposa. Medo de ser pobre. Medo de ser ignorante. Medo de me enganar. Medo de dirigir. Medo de não ter casa. Medo de ser péssimo pai. Medo de viver trabalhando sem sentido. Medo que abusem de meu filho. Medo de não querer nada. Medo de viver".

São muitos medos encapsulados. Tornamos a lhe mostrar o desenho do franguinho molhado tremendo de frio envolvido por um arame farpado. Quais são as opções? Compreender que viveu uma infância injusta, sim. Mas, ao mesmo tempo, pode vislumbrar um presente e um futuro diferentes, porque agora ninguém pode machucá-lo. Nós, seres humanos, temos nosso livre-arbítrio, podemos decidir o que queremos. Nós acompanhamos qualquer decisão, se o indivíduo é consciente de sua realidade emocional.

Perguntamos a ele se — verdadeiramente — tem vontade de melhorar, se quer ter mais mobilidade. Responde solene: "Sim, eu quero". Rimos. Conta que durante o fim de semana foi visitar um amigo que não via há algum tempo, e que Maria Fernanda não podia acreditar. Comentamos que, para pessoas tão desvitalizadas como ele... visitar um amigo se torna um "marco". A prisão de arame farpado, porém, ainda é muito pontiaguda. Entramos em acordo com Ricardo dizendo que vamos dirigir a bússola desse questionamento pessoal no sentido de algo vital, que o obrigue a se pôr em movimento. Também se dá conta de que tem medo de "curar-se", porque, se estiver curado, não poderá escapar para os desejos do outro e não sabe como vai fazer. Isso é interessante. Continuamos confirmando que, apesar de mamãe **ter dito** que Ricardo era bravíssimo, na verdade é alguém que está permanentemente submetido aos desejos alheios. E que sua única ferramenta para escapar é a dor das articulações que o impedem de fazer o que lhe pedem. Uma vez mais, o personagem é o do **impossibilitado**. Com a desvantagem adicional de que também não consegue oferecer nada a si mesmo. Também aparece uma evidência: **poderia curar-se**, se encontrasse uma maneira diferente de escapar do desejo sempre potente e abrangente do outro. Fica claro que no fim tudo isso é uma **crença**. No entanto, dizer é fácil, mas tomar a decisão de entrar em movimento e, portanto, desempenhar o papel de quem decide com independência emocional é o grande desafio. Mas em vez de estabelecer metas altíssimas e inalcançáveis, propomos a ele revisar sua **lista de medos**, e enfrentá-los um a um. **Pequenos** movimentos em vez de grandes.

Ricardo aceita, diz que "gostaria" de se movimentar, mas tem medo de si mesmo. Da cólera que sente por dentro. Tem a fantasia de que, se de fato tivesse força física, seria capaz de matar alguém. Dizemos que isso deve ser verdade mesmo. Só ele percebe a fúria que esconde. E que por isso mantém seu corpo teso e rígido, para que nenhum golpe mortal escape. Então traçamos um novo desenho: o corpo de Ricardo com um fogo dentro... e ele agregando farpas e ferros como uma armadura, para que esse fogo não saia. Só ele dimensiona o alcance desse fogo ardente, mantendo a fantasia de que se o deixar sair... ele se queimará e incendiará a todos ao redor.

Dizemos a ele com calma que durante o primeiro encontro, quando ele nomeava a si mesmo como se fosse um violento terrível, possivelmente se referia à consciência que tem a respeito de seu próprio fogo interior. Há muito ódio guardado e ele é quem está mais atemorizado. O medo que tem da própria fúria interna é tal que obriga seu corpo a se paralisar. Portanto, agora não vamos propor a ele nem abrandar-se nem "abrir seu coração", porque sua vida está em chamas. Só ele conhece o tamanho do dragão que mora em suas entranhas. Dizemos que nosso trabalho será árduo, mas estamos dispostos a acompanhar e aceitar o ódio, a raiva ou o que estiver oculto. Gritar "quero matar meu pai, quero matar minha mãe que me entregou" e permanecer ali, com esse ódio que lhe pertence. Estar e estar, e estar com ele.

5. Os estragos da repressão sexual

PATRIARCADO E REPRESSÃO SEXUAL

O pensamento sobre a condição humana normalmente é tingido pela nossa cultura, ou seja, é **subjetivo**, pois ninguém pode olhar de fora da trilha em que estamos. Isso gera um problema importante: há uma cultura pequena inserida em outra que a contém, que está dentro de outra que a contém, e assim por diante. No fim, Oriente e Ocidente compartilham algo em comum há cerca de 5 mil anos ou mais: o **patriarcado** como sistema de organização social. **O patriarcado se baseia na submissão**. A mais importante: a submissão das crianças aos adultos.

O patriarcado também tem um objetivo prioritário, que é a **acumulação de patrimônio**. Portanto, a ideia é que alguns acumulem tudo que seja possível, e para isso será necessário **submeter** outros para que ofereçam sua força de trabalho. Alguns acumulam, outros servem. Os homens exercem o poder enquanto as mulheres servem. Os adultos decidem **e as crianças se submetem ao desejo e às necessidades dos mais velhos**.

A ferramenta mais importante para obter a submissão das mulheres tem sido a **repressão sexual**. Que não tem absolutamente nada que ver com a religião (judaico-cristã, no caso). A palavra "religio" deriva de "religare", que significa relacionar, vincular, associar. A "religio" na Roma clássica se referia às obrigações de cada indivíduo em relação à própria comunidade. Era necessário honrar concretamente os valores que constituíam a base da convivência. Então, não foi a religião que obrigou nós, mulheres, a reprimirmos nossa sexualidade, mas **a lógica do patriarcado**. Vamos considerar que o propósito principal era a acumulação de terras. Nós, mulheres, nos constituímos então em uma propriedade. Se pertencíamos ao homem, eles se garantiam **o pertencimento dos filhos, futuros proprietários dos bens deles**. Para conseguir que deixássemos de ser sujeitos e nos tornássemos objetos de uso, era imprescindível que deixássemos de "sentir". Por meio dos ciclos vitais, estivemos intimamente ligadas ao nosso corpo. Para que deixássemos de estar tão envolvidas com o nosso corpo, este teve de se tornar perigoso, pecaminoso, intocável.

Se nós, mulheres, não podemos tocar nem ser tocadas, nosso corpo se paralisa, as sensações corporais prazerosas se congelam e nossa substância feminina se desvanece; tornamo-nos entes alheios a nós mesmas, carregando corpos distantes, indomáveis, incompreendidos. De fato, nós, mulheres que sangramos, somos consideradas sujas e impuras.

Então, a humanidade organizada com base em conquistas de terras, as guerras — necessárias para aumentar o patrimônio — e a submissão das mulheres são a mesma coisa. Hoje, não se conhece cultura que não esteja alinhada a essa forma de vida, a ponto de acreditarmos que o ser humano "é" assim: manipulador, guerreiro, conquistador, injusto. Entretanto, não deixa de ser uma apreciação construída apenas **do ponto de vista do patriarcado**.

É verdade que quase não restam sinais de outros sistemas, e que comunidades matrifocais, **centradas no respeito pela Mãe Terra, na ecologia, na sexualidade livre, na igualdade entre seres vivos e no amor como valor supremo**, não sobreviveram.

Mesmo que pareça um paradoxo, essa foi a mensagem de Jesus. Mas rapidamente o patriarcado dominante na época se encarregou de transformá-lo nas crenças cristãs que, na prática, não têm nada que ver com as palavras de amor, solidariedade, colaboração e igualdade entre os seres vivos que Jesus proclamou.

OS PARTOS EM CATIVEIRO

A questão é que passamos vários séculos de história mergulhados na **repressão sexual**. Isso significa que o corpo é considerado baixo e impudico, e o espírito, alto e puro. As pulsões sexuais são malignas. A totalidade de sensações corporais é indesejada. Em que momento aprendemos que não há lugar para o corpo e o prazer? No exato **momento do nascimento**. Segundos depois de nascer, já deixamos de ser tocados. Perdemos o contato corporal que era contínuo no paraíso uterino. Nascemos de mães reprimidas ao longo de gerações e gerações de mulheres ainda mais reprimidas, rígidas, congeladas, duras, paralisadas, incapazes de tocar e muito menos de acariciar. O sangue congela, o pensamento congela, as intenções congelam e **o instinto materno se deteriora**, se perde, se desconstrói e se transforma.

Nós, mulheres, com séculos de patriarcado nas costas, afastadas de nossa sintonia interior, não queremos parir, nem sentir, nem entrar em contato com a dor. Não experimentamos o prazer orgástico. Carregamos séculos de dureza interior, vivemos com o útero rígido, a pele seca, os braços incapacitados. Não fomos abraçadas nem embaladas por nossas mães, porque elas não foram embaladas por nossas avós e assim por gerações e gerações de mulheres que perderam todo vestígio de brandura feminina. Quando chega o momento de parir, nosso corpo inteiro dói devido à inflexibilidade, à submissão, à falta de ritmo e de carícias. Odiamos nosso corpo que sangra, que muda, que ovula, que mancha e é ingovernável. E ainda por cima nasce outro corpo que não toleramos tocar nem nos aproximar. Então não sabemos o que fazer.

É importante levar em conta que, além da submissão e da repressão sexual histórica, nós, mulheres, **parimos em cativeiro**. Há um século — à medida que fomos ingressando no mercado de trabalho, no sistema educativo superior e em muitos outros circuitos de intercâmbio público —, cedemos o último bastião do poder feminino: a cena do parto. Já não nos resta nem esse pequeno cantinho de sabedoria ancestral feminina. Acabou-se. Não há mais cena de parto. Agora há tecnologia. Máquinas. Homens. Horários programados. Drogas. Picadas. Ataduras. Lâminas que raspam. Torturas. Silêncio. Ameaças. Resultados. Olhares invasivos. E medo, claro. Volta a aparecer o medo no último refúgio que durante séculos excluiu os homens. Acontece que entregamos até esse íntimo resguardo. Foi a moeda de troca para que nos permitam circular onde há dinheiro e poder político. Entregamos o parto. Foi como **vender a alma feminina ao diabo**.

Entregar o parto supõe também abandonar nas mãos de outros a vinda da criança que nasce nesse instante. Se estamos confirmando a importância da biografia humana de cada indivíduo e a qualidade da maternagem recebida, não há dúvida de que a maneira como a cria humana é recebida será fundamental para a constituição desse indivíduo na posterior montagem da trama familiar.

Muito bem, mas é possível entregar o parto? Pode-se perder algo tão intrínseco ao ser feminino, algo tão próprio como o corpo gestante que dá à luz? Sim, é possível extraviá-lo de todo o seu sentido profundo, se nós, mulheres, estamos distanciadas de nós mesmas. Mas por acaso o instinto materno não é mais forte? Depende. Se a experiência prévia e durante o parto foi devastadora, o instinto materno se apagará para então sobreviver — talvez — em melhores condições.

Em todos os zoológicos do mundo se sabe que qualquer fêmea mamífera criada em cativeiro terá poucas chances de conceber e dar à luz. É um evento tão raro que vira notícia mundial. Os partos costumam ser difíceis. Mas, quando consegue, dificilmente reconhece a cria como própria e possivelmente terá dificuldades para amamentá-la e protegê-la. Os cuidadores encarregados do zoológico se verão obrigados a dar assistência tanto à mãe mamífera como à cria, alimentando e higienizando o recém-nascido e intervindo para que a mãe se relacione com o filho.

Acontece algo parecido conosco, mulheres: atravessamos a gravidez totalmente despojadas de nosso saber interior e então **parimos em cativeiro**: amarradas, picadas, ameaçadas e apressadas. O parto não é nosso. É do sistema médico, dos assistentes, das intervenções e das rotinas hospitalares. Estamos em uma prisão, de pés e mãos atados, submetidas a torturas. Nessas condições, logicamente, logo depois de realizado o nascimento, **desconhecemos nossa cria**. Nas instituições médicas, geralmente o bebê é levado e trazido mais tarde banhado, penteado, vestido e adormecido, depois de receber glicose para que não chore mais do que deveria. A partir desse momento, nós, mães, temos de fazer um esforço **intelectual** para reconhecer esse filho como próprio, com a culpa e a vergonha de pensar internamente que talvez não tenhamos esse desejado "instinto materno". E somos estranhas assim, temos muito medo de não saber então como nos converter em boas mães, como fazer o certo e como criar esse filho. Na verdade, despossuídas de nosso saber interior, não sabemos de nada. Perguntamos — como meninas — as trivialidades mais rudimentares. Pedimos permissão para segurá-los — e veja o paradoxo — a resposta costuma ser negativa.

O jogo já começou. Proíbem-nos de tocar na criança, ameaçando-nos com supostas consequências catastróficas, e levamos em consideração orientações antinaturais estúpidas como essa. Porque somos submissas há séculos, o que nos conduz à mais terrível ignorância. Isso confirma que estamos despossuídas, além de termos ficado feridas.

Depois de atravessar partos medicados, sistematizados e modernos, costumamos estar cortadas, costuradas, enfaixadas e imobilizadas, e as crianças costumam estar distantes de nosso corpo. Não podemos segurá-las por nossos próprios meios, devido às feridas e aos cortes. Além disso, estamos cortadas de nosso ser essencial, com o qual sequer sentimos a necessidade visceral de ter a criança em nossos braços. É assim que a maquinaria ancestral do patriarcado continua funcionando à perfeição. Cada criança não tocada por sua mãe é uma criança que participará da roda da indiferença, da guerra e da submissão de uns pelos outros.

Do ponto de vista da criança, a decepção é enorme. Porque a **necessidade básica primordial** de toda criança humana é o **contato** corporal e emocional permanente com outro ser humano. No entanto, se sustentarmos a repressão de nossos impulsos básicos como bastião principal, essa demanda de contato da criança vai se transformar em um problema. Preferimos afastá-la de nosso corpo. Nenhuma outra espécie de mamíferos faria algo tão insólito com a própria cria. Mas para os humanos é comum determinar que o melhor é "deixá-lo chorar", "que não fique mal-acostumado" ou "que não fique manhoso".

Para nós é totalmente habitual que **o corpo da criança esteja separado: sozinho** no berço. **Sozinho** em seu carrinho. **Sozinho** em sua cadeirinha. Supomos que deveria dormir **sozinho**. Cresce um pouco e já opinamos que é grande para pedir abraços ou mimos. Logo depois é grande para chorar. E sem dúvida sempre é grande para fazer xixi ou para ter medo de insetos ou para não querer ir à escola. Se tudo de que necessitava desde o momento de seu nascimento era **contato** e não obteve, sabe que seu destino é ficar **sozinho**. Finalmente, a criança adoece. Quase todas as crianças **estão doentes de solidão**. Mas nós, adultos, não reconhecemos na doença da criança a **necessidade deslocada de contato corporal e presença**. A repressão sexual é isso: o medo de tocar a criança porque **tocar nos dói**. Dói nosso corpo rígido de falta de amor, dói a moral, dói a alma.

A repressão sexual encontrou na moral cristã sua melhor aliada. Porque utiliza ideias espiritualmente elevadas como o amor a Deus para esconder uma realidade muito mais terrena e desprovida de atributos celestiais: a necessidade de possuir o outro como um bem próprio — por exemplo, por meio da compensação de todos os medos primários por falta de maternagem, por meio da acumulação de dinheiro.

Inclusive se nós mulheres já nos percebemos como praticantes ou devotas, a repressão sexual continua agindo ao longo de várias gerações, porque nos privamos de tocar nosso corpo e, consequentemente, de tocar o corpo da criança com amor e dedicação.

A ABORDAGEM DA REPRESSÃO SEXUAL EM CADA BIOGRAFIA HUMANA

Quase todas as biografias humanas às quais temos acesso são marcadas por níveis de repressão sexual que não imaginávamos que pudessem ser tão importantes. Quando precisamos determinar as dinâmicas familiares ou o grau de desamparo emocional sofrido durante a primeira infância, a investigação sobre a moral religiosa na qual a mãe se refugiava será um dado fundamental.

Nessa busca simples, encontraremos a marca principal do sofrimento de cada indivíduo, e nos veremos obrigados a revisar todo o material sombrio que ele tem escondido. Pensemos que **a moral e a repressão sexual nos obrigam a mentir**. Sim, nos obrigam a agir de forma distinta do que nossas pulsões básicas ditam. Daremos nomes altivos a isso ou não, pouco importa. Mas à medida que mascararmos nossas verdadeiras e genuínas pulsões com mais empenho, mais nos afastaremos de nossa essência pessoal e mais grosseiramente confeccionaremos a roupa do personagem que vai nos cobrir e disfarçar o que somos.

A vida reprimida normalmente é tão comum e corrente que não paramos para registrar a influência nefasta que a repressão sexual exerce sobre cada um. Esse **desastre ecológico**, que tem vários séculos de sucesso aberrante, prejudica a vida de homens e mulheres. Nosso trabalho é descobrir, por meio da organização da biografia humana, a porção de repressão, moral, refúgio e medo que cada indivíduo carrega em si, encobrindo o que de mais belo, instintivo e lindamente animal nos faz humanos.

Insisto que **abordar o nível de repressão sexual em cada biografia humana é fundamental**, tanto em homens como em mulheres. As consequências para as mulheres são facilmente detectáveis. Com um pouco de experiência profissional, registrar o tônus muscular e a dureza do olhar daquelas que nos consultam é suficiente para antever um nível de autoexigência e de rigidez que as mantêm presas. Nos homens pode ser mais complicado detectar, pois conseguem dissociar um pouco mais as pulsões sexuais do contato corporal. Ou seja, podem ter a sensação de ter uma vida genital ativa, mas tendo menos registro do vazio emocional. Por isso é possível que não detectem ali um problema. Em todos os casos, será necessário investigar e constatar o que encontramos.

DANIELA: MENTIRAS E SEXO

Daniela tem 40 anos, é professora de catecismo e tem um filho, Fábio, de 5 anos. Vai à consulta porque quer ser uma mãe melhor, e às vezes não tem paciência com o filho. Além disso, preocupa-se porque Fábio diz que quer ir embora deste planeta e que as pessoas adultas são más. Ela acreditava que eram coisas de criança, mas agora ele diz isso com muita frequência. Nós já supomos que os maus-tratos ou a ignorância normatizada devem ser moeda corrente, mas explicamos a ela do que trata o trabalho de organização da biografia humana e começamos.

Nascida em uma cidadezinha do interior da Argentina, Daniela conta que seu pai era "brilhante" intelectualmente. Perguntamos o que o pai fazia, e Daniela não consegue explicar. Portanto, a apreciação do suposto brilhantismo fica para mais adiante, ou seja, precisaremos investigar **quem disse** para saber quem era o dono do discurso nessa família. De qualquer maneira, sabemos que durante a infância era importante atender às expectativas paternas no sentido acadêmico. Tentamos abordar as lembranças da primeira infância. Não há lembranças de cuidado, de brincadeiras, nem cenas carinhosas. Mamãe organizava tudo. Respondemos a ela que organizar é uma coisa e maternar é outra. Concorda. Procuramos... mas mamãe não aparece em nenhuma circunstância amorosa.

Os pais brigavam bastante, mas Daniela não se lembra de o que mais acontecia em casa. Continuamos investigando, tentando obter uma precisão maior, até que Daniela começa a relatar as sessões de pancadas. Diz que papai era terrível. Perguntamos a ela onde estava a mamãe enquanto isso. Ao que parece estava em algum lugar da casa gritando com o marido. Explicamos a ela o que para nós significa o conceito de "entrega" para que uma criança seja espancada. Concorda.

Supomos que mamãe também castigava. A essa altura fica claro que ambos batiam nela.

Por fim, continua descrevendo histórias brutais com uma naturalidade que chama a atenção. Quero reforçar que — mesmo que um indivíduo se lembre exatamente das surras que sofreu durante a infância — é comum não dar importância, a ponto de não entrar em contato com esses acontecimentos, inclusive quando um terapeuta, do sistema que for, interroga com insistência.

A *beagadora* começa a sentir o peito doer e diz isso, nomeando a angústia ao pensar nessas crianças pequenas tão espancadas e sozinhas. Essas palavras servem para Daniela registrar um pouco mais o horror vivido. Finalmente chora. Então, pouco a pouco, começa a descrever mais cenas de violência explícita, com um pouco mais de conexão emocional. Investigando um pouco mais, vai ficando claro para nós que nessa família **obedecia-se**. Caso contrário, recebia-se um tapa — ou vários — até aprender.

Assim transcorre a infância de Daniela e de sua irmã mais velha. Ela era aplicada, ainda que, às escondidas, também **mentisse**. Escondia certos acontecimentos, até mesmo acidentes e doenças, para não despertar a ira de mamãe. A irmã a chamava de "a santinha" porque não chorava quando apanhava.

Quando chega sua primeira menstruação, mamãe continua castigando com fúria. Formulamos várias perguntas para nos situarmos em sua adolescência. Acontece que Daniela — durante esse período — também não consegue descrever qual era o trabalho de papai, aquele que era brilhante. Dizemos a Daniela que possivelmente tanto mamãe quanto papai deviam ter aspirações acadêmicas altas, e que esse era o **discurso** que defendiam, mas que a realidade dos pais talvez fosse outra. Daniela fica confusa, nunca tinha pensado em algo assim.

A essa altura, entre a violência ativa, o mecanismo de defesa do esquecimento e os discursos materno e paterno... explicaremos a Daniela que o que aconteceu em sua infância deve ter sido bem pior do que podemos imaginar (e ela se lembrar). Mostraremos alguma imagem impactante, por exemplo, um dragão cuspindo fogo, e depois trataremos de encontrar o personagem com o qual ela conseguiu sobreviver a tanto horror.

Tentamos abordar seus vínculos fora do âmbito familiar (amigos do colégio ou companheiros de outras atividades). O pai e seu brilhantismo ainda estão enevoados, então investigaremos com base na nossa intuição. Finalmente, pudemos averiguar que o pai administrou umas terras, às vezes com ganhos maiores do que em outras. Sempre sonhou em ser agrônomo, mas não estudou. A *beagadora* então coloca em dúvida o suposto brilhantismo de papai, mas Daniela se irrita, finca o pé e defende que seu pai era um gênio reconhecido no mundo todo. Dizemos a ela com bom humor que ela tem o direito de defender imaginariamente o que quiser, nós só estamos colocando as cartas na mesa e olhando a realidade com a menor distorção possível.

Quando Daniela se tranquiliza, aparecem lembranças de certos conflitos nos distintos empregos de papai, dos quais sempre acabava demitido. Não conseguimos obter mais informações sobre essas questões.

Perguntamos sobre a relação que mantinha com a irmã mais velha, mas quase não há lembranças. Prosseguimos. Enquanto cursava o ensino médio, emigram para Buenos Aires por conta de um novo trabalho do pai. Acabamos entendendo que o pai mudava muito de trabalho, porque seus problemas de relacionamento eram comuns.

Foi uma época difícil, sentia-se perdida, diferente dos jovens de sua idade. Usava óculos e tinha sobrepeso. A mãe a chamava de "baleia". Não aparecem amizades nem atividades fora do colégio. Perguntamos mais, e diz uma frase interessante: "Eu não tinha amigas porque achava que eram todas muito problemáticas; eu, ao contrário, era normal, não tinha dificuldades".

Mostramos que — francamente — o panorama de sua infância e adolescência não era muito animador, mas parece que a mãe ou o pai deviam dizer que era "normal". Também aparece certa superficialidade ou talvez distorção dos fatos. Acontece de tudo, mas Daniela não toma conhecimento de nada. Nem sequer com 15 ou 16 anos consegue explicar em que consistia o trabalho do pai. Proponho aos leitores que registrem a distância entre o **discurso** oficial e a **realidade**.

Aos 15 anos conhece um padre que lhe propõe participar das atividades paroquiais, em parte para ajudá-la a se socializar na grande cidade. Efetivamente, conhece gente. No entanto, constatamos que as relações são superficiais, não fica sabendo nada de ninguém, e os demais não sabem nada dela. As atividades paroquiais terão cada vez mais influência em sua vida cotidiana. Tem um namorado dos 18 aos 23 anos com quem, obviamente, troca beijos e nada mais. Diz de maneira depreciativa que esse rapaz "não era brilhante". Dizemos a ela que tentaremos não dividir o mundo em brilhantes e não brilhantes, porque senão não poderemos sair do discurso materno ou paterno. Por outro lado, no fim das contas, de que brilhantismo estamos falando? Quem tem diploma de "brilhante" nesse cenário? Temos de levar em conta o desprezo escondido que aparece em Daniela, aprendido de seus pais. Esse pensamento é compartilhado com ela — que se surpreende, já que nunca tinha prestado atenção nisso.

Durante a juventude, Daniela se dedica cada vez mais à paróquia, estuda e se capacita para ser professora de catecismo. Continua vivendo com a mãe, já que o pai havia falecido quando ela tinha 20 anos. A irmã tinha se casado, mas ela permanece com a mãe, identificada com ela, compartilhando seu mundo, desprezando todo aquele que não seja elevado ou brilhante como ela. É recatada, não tem relações íntimas (refiro-me a intimidade emocional). A quase todas as nossas perguntas, responde "não sei", e por isso o trabalho avança lentamente. Mas vamos explicando a ela que tantos "não sei" na juventude devem ter que ver com a decisão de não ver nada, não tomar ciência de nada, não querer saber nada do mundo adulto e sexuado. Ainda não abordamos sua atualidade, mas tantos "não sei" nos preocupam em uma mulher com um filho, pois possivelmente não toma conhecimento de nada do que lhe acontece. Confiamos a ela nossa preocupação, enquanto continuamos com a cronologia. Já sabemos que a repressão sexual é um ingrediente a mais na violência exercida sobre essa mulher quando foi criança. Agora estamos tratando de elucidar como ela aprendeu a exercer a violência sobre os outros. Despedimo-nos dela e explicamos que no próximo encontro tentaremos observar mais a fundo o papel da repressão sexual em sua vida afetiva, e como demonstrou sua fúria ou seu medo sobre as pessoas próximas.

Daniela chega transtornada ao encontro seguinte, ofendendo a senhora que limpa sua casa. Ouvimos por apenas alguns minutos e mostramos a ela como o **desprezo** é um recurso sempre presente em sua vida, aprendido com seus pais. Também insistimos que um dos problemas que detectamos é que ela está submersa demais no **discurso materno** e no desprezo em relação aos outros. Para explicar melhor, rascunharemos uma imagem: Daniela em cima de uma montanha levantando o dedo e julgando a todos. Ali em cima não há ninguém mais do que ela. Está sozinha. Daniela olha o desenho em silêncio.

Continuamos cronologicamente. Ela convive vários anos com a mãe, as situações de violência verbal são frequentes, mas nesse período ambas são vítimas e vitimadas, alternadamente. Finalmente, Daniela tem a possibilidade, com 29 anos, de fazer uma viagem à Inglaterra, com uma bolsa de estudos. Apaixona-se por um inglês. Tentamos descobrir mais sobre esse homem. Mas Daniela não consegue descrevê-lo. Perguntamos especificamente pela aproximação sexual. Não tiveram contato. Na verdade, depois de muito perguntar, o tal homem não era inglês, mas indiano. Ela regressa a Buenos Aires, eles mantêm a relação à distância, até que decide voltar à Inglaterra e tentar concretizar um relacionamento com esse homem, chamado Ronald. Tem suas primeiras relações sexuais com 30 anos. Insistimos muito e quase não consegue descrever sua sensação, nem seus medos ou prazeres. Tentamos de todas as maneiras saber mais: sua vida lá, o contato com outras pessoas, o estudo do idioma, as dificuldades de uma convivência com um homem que mal conhece. É muito complicado, pois Daniela mede cada palavra, não quer abandonar o **discurso** pronto.

Finalmente, balbucia alguma coisa com relação ao próprio corpo, aparecem situações que dão conta de um estado de bulimia (gulodice e vômito). Primeiro nega, então aceita. Dizemos a ela que o esforço que coloca em negar e sustentar a fantasia sobre o que é correto é enorme; e para a *beagadora* é enorme o esforço de extrair a informação necessária para esse percurso. Sugerimos a ela que relaxe nesse sentido, que só queremos entender sua realidade emocional e ela não precisa atender a nenhuma expectativa. Daniela se defende. Dizemos a ela que não vale a pena esconder nada. Então se põe a chorar, exclamando que isso é muito difícil para ela, que até mente para o marido atualmente. OK, para sustentar fantasias ou mentiras sempre se paga caro. Já chegaremos a seu cônjuge atual. Mas nos damos conta de que o **discurso materno** está tão arraigado dentro dela, e ao mesmo tempo tão afastado da realidade, que ela deve gastar muita energia em "ser como mamãe espera". Dizemos que estaremos atentas para registrar esse mecanismo cada vez que seu relato se perder em ilusões insustentáveis.

Muito bem, Daniela tenta contar a novela cor-de-rosa de sua relação amorosa com Ronald. Mas logo a desarmamos. Por quê? Porque, revisando o panorama emocional de onde ela provém, dificilmente conseguiu ter uma primeira relação madura e consciente. Para nós é imprescindível entrar na verdadeira constituição desse casal, portanto investigamos sem esquecer nenhum detalhe. Finalmente conseguimos saber que Ronald era alcoólatra. A relação atravessou bebedeiras, brigas, falta de intimidade e quase nada de sexo. Ela passa a trabalhar cuidando de crianças. Ronald não trabalha. Dizemos a ela com ironia que esses trabalhos não pareciam muito acadêmicos, nem o parceiro que conseguiu. Daniela tenta defender o indefensável. Que Ronald não bebia tanto, que ela ganhava bem. OK, mostramos que isso é "aferrar-se ao personagem" da garota que tem a ilusão de ter uma vida maravilhosa e, mesmo não tendo, inventa em sua cabeça.

A questão é que Daniela e Ronald se casam. Perguntamos a ela se Ronald queria se casar. Não. Ela o convence. Ele não queria que Daniela o chamasse de "Ron", sempre preferiu seu nome completo, "Ronald". Ela compra as alianças e grava "Ron". A *beagadora* fica de boca aberta... dizendo a Daniela que o nível de desprezo com relação ao que o outro deseja ou necessita... é enorme. Daniela não compreende o que estamos tentando mostrar. Voltamos a mostrar o desenho que tínhamos esboçado: ela está sozinha com sua filosofia de vida. Não há mais ninguém ao redor. Ainda que esteja a ponto de se casar. Mostramos a Daniela que agora já não se trata do discurso materno, mas da **organização de seu próprio discurso**, cego, indiferente aos outros.

Podemos suspeitar — fazendo futurologia — que seu marido e seu filho também não devem estar presentes no cenário atual, mas já vamos confirmar. Do ponto de vista dos outros, deve ser **muito doloroso vincular-se a alguém que não registra, não** escuta, não vê, não reconhece, não se importa. E isso, senhoras e senhores leitores, se chama "violência".

Mais uma vez, compartilhamos com Daniela nosso olhar ampliado sobre todo esse panorama: o desprezo pelo outro é indubitável. Concorda, afirmando que uma das coisas que menos gosta em si mesma é de sua **soberba**. Que, quando conhece alguém, seu primeiro pensamento é que essa pessoa faz as coisas errado. Dizemos a ela que a notamos tão sozinha ali em cima da montanha, tão distante. Então responde angustiada que se sente muito, muito, muito sozinha.

Continuamos. Ela se divorcia do marido indiano e volta para Buenos Aires. Dá aulas em vários colégios. Lembra-se de que chorava muito nessa época e não se recorda de ninguém a amparando. Dizemos que é difícil apoiar e cuidar de alguém que está tão acima, tão inalcançável, tão depreciativa. Lembra-se desses anos, dedicada ao trabalho e às atividades paroquiais. Muito poucos amigos, pouquíssimas saídas e um mundo afetivo ínfimo.

Finalmente, aos 34 anos, conhece Marcos, um contador muito católico que é seu atual marido. Nós a levamos a observar que, com Marcos, ela atinge seus dois ideais: a religião e a academia. Então acrescentamos, no desenho da montanha, dois cartazes: "moral religiosa" e "ser acadêmico". Dizemos que parece ter ideais altíssimos para si mesma, provavelmente inalcançáveis. Marcos e Daniela compartilham a fé religiosa. Em pouco tempo se casam. Até agora, sabemos que os dois ideais que Daniela sustenta — moral religiosa e academicismo — devem sugar toda a sua energia, porque **não vêm do coração, mas respondem a exigências assumidas a partir do discurso materno**. Portanto, vamos encontrar uma dose enorme de **sofrimento**. Explicamos isso a ela e nos despedimos até o próximo encontro, explicando-lhe que tentaremos abordar seus dias atuais, olhando esse funcionamento automático em sua totalidade.

Recebemos Daniela pela terceira vez uma semana depois. Retomamos a conversa mostrando-lhe o desenho e acrescentando que, além da soberba e da tremenda solidão que implicavam estar no alto da montanha, imaginamos que o sofrimento devia estar sempre presente. Talvez quando seus ideais não funcionam de modo perfeito, quando a vida a faz derrapar, quando as coisas não acontecem como ela acredita que deveriam acontecer. Supomos que devem ser momentos de muita dor. Concorda.

Então toma coragem e anuncia que precisa nos contar algo importante. Relata que, quando seu filho Fábio era bebê, conheceu um homem que foi seu amante durante três anos. Que ela contou para todo mundo — inclusive para o marido — como se sentia atraída por essa pessoa, mas jamais contou "o detalhe", ou seja, nunca disse que efetivamente mantinha relações sexuais com ele. Respondemos a ela que continuamos confirmando o mesmo cenário: tem valores altíssimos que não consegue sustentar. Ela se propõe a um ideal que não consegue cumprir. Sofre, mente, esconde, enquanto tenta se manter acima da montanha, brincando de ser a esposa ideal que compartilha com o marido o que lhe acontece. A *beagadora* responde que ela e o marido jogam o jogo do engano. Mas, na verdade, o mais importante é o autoengano. Ao dizer ao marido que sente atração por outro homem — assim como na confissão cristã —, Daniela acredita que se salva de seus pecados. Claro que não julgamos, não é da nossa conta o que ela faz com a própria vida, só estamos organizando a realidade: seus ideais inalcançáveis *versus* o discurso iludido que conta a si mesma.

Retomamos a cronologia, para compreender como chegamos até aqui. Casa-se com seu marido. Ambos trabalham e ela fica grávida rapidamente. Ganha de presente um livro de Laura Gutman. Logo o assume como modelo e se propõe a criar seu filho "assim". Fiel a suas metas altíssimas e perfeitas, fiel ao que **deve ser**. Mas pouco conectada com quem ela é, em seu interior. Propomos a ela revisar quais entre todos esses desejos surgem das ordens externas e quais surgem de seu coração. Daniela compreende, mas seu corpo continua rígido e distante. Prepara-se corretamente para um parto ideal. Como nasce esse bebê? De cesariana, é claro. O nível de rigidez de Daniela impediu a fluidez física e emocional necessária para abrir o canal de parto. Ainda que Daniela faça **tudo que é certo**, dá de mamar e fica com o bebê nos braços como ela acha que lhe corresponde. No entanto, o bebê não aumenta de peso.

Observando Daniela de fora, fica claro que, em relação ao bebê, não se trata de fazer o correto, mas de deixar-se levar pelo **amor** e pela **entrega emocional**. Falamos especificamente sobre a amamentação, e Daniela aceita ter estado muito insegura com cada mamada, controlando os minutos, as frequências, e permanecendo meticulosamente atenta aos mínimos detalhes. Mostramos a ela com jeito que uma coisa é o contato emocional consigo mesma e com o bebê, e outra muito diferente é fazer **o correto**. Daniela colocou sua energia em ser a mãe perfeita, seus ideais continuam sendo altos e seu ser essencial continua sofrendo. Dizemos assim, com essas palavras. E Daniela compreende. Pede ajuda para a Liga de La Leche[2], amamenta um tempo com o relactador[3]. As noites eram muito difíceis, já que o bebê não dormia "o esperado". Voltamos a falar da organização de seu sistema. Diz que se sentia julgada. Mostramos que ninguém a julgava, mas sim ela mesma e **seu próprio personagem**

---

2. Instituição não governamental, existente em vários países, que promove a amamentação e orienta mães para essa prática. [N. T.]
3. Recipiente com sondas parecido com a mamadeira. Tais sondas são colocadas próximas do bico do peito e por elas sai leite artificial. Quando o bebê mama do peito, suga também o leite artificial. [N. E.]

moldado à força de ordens insustentáveis. A partir desse momento, nos concentraremos em **trazer a voz do filho**, que já nasceu. E faremos o possível para nos transformar em "criançólogos", colocando no centro da cena o ponto de vista de quem não é ouvido.

Dedicamo-nos a perguntar especificamente sobre Fábio e seu primeiro ano de vida. No início, Daniela conta que era um bebê ótimo. Mas insistimos com perguntas muito concretas. Então aparecem as noites de choro, a insônia, a angústia, a solidão e as reclamações de seu marido. Também o suposto fracasso do aleitamento que, do ponto de vista de Daniela, é vivido como uma meta não alcançada. Timidamente aparecem as cenas de seu marido tentando acalmar as "fúrias" de Daniela, que começam a ser vislumbradas nesse cenário. Então a *beagadora* inventa palavras e situações prováveis com a criança, que podemos perfeitamente imaginar já que, com um bebê pequeno nos braços, quase nada funciona como o esperado e, além disso, em geral estamos afastadíssimos de qualquer sinal de perfeição. Algo que devia jogar Daniela em um nível de insegurança desconcertante.

Nessa época — Daniela não consegue precisar quando, mas Fábio era bebê — conhece aquele que será seu amante.

Não temos o menor interesse pela moral. Só tentamos fazer que cada pessoa se compreenda mais, para então tomar suas decisões com mais coerência. Que Daniela tenha tido libido disponível para manter o vínculo com um amante significa que estava distanciada — em termos de sensualidade e entrega amorosa — de seu bebê. Não é um juízo de valor, simplesmente tentamos olhar o panorama vincular com a maior honestidade possível. Se isso é verdade, o bebê sem dúvida registrou essa distância, ou esse engano afetivo da mãe, inclusive mais do que o marido. Portanto, somos obrigados a insistir, perguntando sobre manifestações incômodas do bebê, doenças, alergias ou acidentes.

Depois de muito perguntarmos, Daniela se lembra dos broncoespasmos de Fábio, dois episódios de laringite, alergia, febres altas, internações etc. Muito bem. Esse é o **cenário real**. Com ele obtemos outra pista: se o bebê estava tão necessitado reclamando disponibilidade materna, é porque a intensidade emocional que Daniela estava empregando em outro território era considerável. Daniela desmerece a importância que o amante pode ter tido. Nós não. Investigamos de modo específico. Não é curiosidade. Pretendemos olhar **a realidade emocional assim como é**. Entendendo que Daniela passou a vida tentando construir-se dentro dos parâmetros de sua própria moral, que apareça um sujeito que a mime, a queira e faça amor com ela sem restrições aproxima dela uma porção de **sombra** que, para variar, é real. De fato, Daniela aceita que sua felicidade cotidiana girava em torno dos encontros com o amante. Claro. Há algo verdadeiro aí. Vibra. Sente. É uma mulher de carne e osso. Pela primeira vez, sentimos que está conectada consigo mesma.

Nesse ponto, começamos um processo interessante com Daniela: repassar juntos que a **distância** que ela gera acima da montanha é com respeito ao **seu próprio ser essencial**, seu verdadeiro eu. Agora o sofrimento fica mais claro para ela: muito em cima está seu personagem com o dedo levantado defendendo morais insustentáveis, e muito abaixo **um coração humano que bate**. Essa é a guerra que luta todos os dias. Agora localizamos o trabalho que faremos juntos.

Daniela afrouxa, chora como uma criança... a abraçamos, funga, cobre o rosto... continua chorando e não tem intenção de parar. Finalmente nos despedimos dela. Vai embora com o cabelo em desalinho, a camisa amassada e abraçando-se a si mesma com delicadeza e compaixão.

Uma vez que propusemos um panorama **realista**, um cenário e um personagem que cada indivíduo veste desde a infância e que — sem perceber — continua utilizando em qualquer área da vida, poderemos acompanhar os processos de **biografia humana** sem que os resultados concretos nos importem, mas apontando para um lento percurso no sentido do interior de cada ser. Para isso, é fundamental que o *beagador* tenha sempre presente que contamos com uma hipótese a seguir, além do último conflito pontual que o consultante descreva. Podemos ouvir certos relatos, obviamente, mas apenas para confirmar nossa hipótese, modificá-la ou utilizá-la para maior compreensão global.

Daniela volta para a consulta mais confiante. Já não se sente examinada, mas acompanhada. Embora reclame, dizendo: "Você não perdoa uma", no sentido de que a compreensão lógica geral não significa estar aliados nem opinar o mesmo. Compreender é ver cenários completos, com as contradições intrínsecas da conduta humana.

Dessa vez perguntamos algo mais sobre sua relação clandestina, com o objetivo de ajudá-la a tirar as máscaras, e para que tolere e compreenda essa parte de si mesma que procura liberdade interior e amor. É de chamar a atenção que seu amante, a quem chamaremos de Ernesto, seja ferreiro. Lembram-se do valor exagerado que Daniela atribuía ao "academicismo"? Parece que a atração sexual apareceu sem títulos universitários. Chegou pela mão de um homem tosco, quase sem estudo e com um corpo grande e rude. Se isso não é sombra... onde é que ela está?

Com Ernesto, Daniela não se sente na obrigação de ser a senhora perfeita. Deixa-se fluir, amolece. Porém, mal volta para casa e se obriga a cozinhar alimentos naturais sem conservantes, impõe horários rígidos a Fábio para comer e dormir. Assim sente que é uma mãe abnegada, que está atenta ao filho, que não falta nunca a um evento escolar, que o acompanha a outras atividades que ele demanda. Mas, embora ela cumpra suas exigências internas, Fábio se comporta mal. Tem horror a ser julgada como uma mãe ruim. Tentamos perguntar especificamente quem a julga. É óbvio que ela mesma é seu pior pesadelo. Fica claro que teremos de continuar cultivando sua suavidade interior, já que está prisioneira da dureza e da rigidez.

Falando sobre sua inflexibilidade, Daniela reconhece que mantém certas regras em relação a seu filho com o único objetivo de fazer o correto. Por exemplo, considera que a criança tem de dormir às nove da noite em ponto. Ela se coloca metas tão altas que logo a frustração se torna enorme, quando as coisas não saem como ela imaginava. Pretende que o filho acorde, se vista, coma e pare de rir. Finalmente, levá-lo à escola se transforma em um suplício. É uma perda constante de energia.

Por isso propomos a ela suavizar os pequenos atos cotidianos e detectar o que acontece com ela quando faz isso. Por exemplo, refletimos juntos sobre a hora em que Fábio **deveria** dormir. Daniela começa dando todas as explicações pertinentes e todas as razões estudadas a fundo. No entanto... a olhamos com ternura dizendo que desperdiça tanto esforço... para dar de comer ao seu próprio **personagem** de mãe perfeita.

De nossa parte, tratamos de dar voz a Fábio, imaginando o que acontece com ele, o que parou de pedir, de que necessita. E assim, pouco a pouco, vamos ingressando em cada pequena rotina cotidiana, observando como Daniela abona sua própria rigidez, como Fábio adoece e como continuamos todos presos na armadilha. Quero esclarecer que esse exercício de olhar e olhar e voltar a olhar o cenário completo, com relação a cada situação que o consultante interpreta, pode levar muito tempo. Esse é o nosso trabalho: mostrar o que acontece, de um ponto de vista externo. Nossa função não reside no objetivo de que o indivíduo faça movimentos. Isso corre por conta da decisão íntima de cada um. Entendemos que o papel do *beagador* se baseia em oferecer esse olhar global, externo, para que cada indivíduo então faça o que quiser ou o que puder com essa nova informação.

Pouco a pouco começamos a nos dar conta de que Daniela concentra toda sua rigidez em casa e se permite a suavidade em uma relação clandestina. Em algum momento, será capaz de unir esses dois lugares internos. Por ora, estão "polarizados". Nossa intenção é que aproxime suas partes. Que reconheça sua necessidade de suavizar-se. Depois de vários encontros que rondaram esses temas, Daniela nos confessa que, com esse processo, passou a reconhecer que é difícil aproximar-se do amor, da dor, dos sentimentos. Que se relaciona com Deus a partir da cabeça, mas não consegue senti-lo na barriga, nem no coração, nem no corpo. Que a biografia humana está servindo para que ela reconheça isso. E o mesmo acontece com seu filho, é difícil amá-lo. Não consegue transmitir-lhe seu amor e, de fato, Fábio lhe disse que essa história do amor de Jesus é mentira. Ai!, as crianças, como são sábias. Daniela sussurra isso a partir de sua bela fragilidade, não de cima da montanha de seu personagem infantil. Então nos conta sobre vários episódios em que bateu em Fábio. Claro, agora que está descendo da montanha pode dizer. Registra que, em alguns momentos, sente uma fúria imensa dentro do corpo. E cai em um pranto profundo e sincero.

Isso é ternura, dizemos a ela. É isso. Dói. É humano. É sensível. É verdadeiro. É nesse exato momento que sentimos que Daniela está entregue à árdua tarefa de ingressar em sua biografia humana, porque começou a tirar suas máscaras. Acreditamos que vão aparecer mais e mais situações de sofrimento que seu personagem de mãe abnegada não conseguia mais tolerar nem assumir. Isso é importante: quando já não defendemos nosso personagem, aquilo que nos acontece simplesmente é. Acontece. E podemos abordá-lo porque existe.

De fato, em pouco tempo, Daniela pode começar a falar sobre seus distúrbios alimentares, até agora negados por ela mesma. Pode registrar que mantinha níveis de obsessão em relação ao que Fábio comia, pretendendo para seu filho uma dieta vegetariana severa, quando ela mesma nunca se sentava à mesa. Suportava a fome. Pesava-se várias vezes por dia. Sua obsessão por não comer era semelhante à obsessão para que Fábio comesse tudo que ela preparava. Essa situação tão sofredora — que fica caótica na rotina diária — pode ser abordada de fora do personagem, porque não nos importa que esteja bem ou mal, mas "o que acontece conosco". Conversando sobre cenas pontuais, ficamos sabendo que Fábio pede à mãe com insistência para que comam juntos. Mas só agora Daniela consegue registrar essa demanda, que é um pedido de amor, simplesmente.

Suavizando, suavizando, suavizando, Fábio conseguiu dizer à mãe que tem medo dela. Daniela foi se conectando pouco a pouco com seu próprio medo. Depois de alguns poucos encontros com a *beagadora*, Daniela está tão aberta, desarmada e permeável que sugerimos que comece a falar com o marido sobre esse processo. No início rechaça a ideia. Então se dá conta de que não tem nada a perder.

Não significa que as coisas mudam radicalmente em sua vida cotidiana pelas artes da magia. Ela continua sem comer, mas tem mais registro. Fábio pede colo e Daniela ao menos o escuta. Em alguns momentos passa dos limites e bate no filho, mas tem mais consciência. Nem sempre se sai bem, mas pelo menos **se conecta com o que lhe acontece**. Isso é um avanço muito importante. Não nega, minimiza ou passa pela peneira da moral. Simplesmente assume internamente o que lhe acontece.

Por isso consegue registrar cada vez mais cenas de sofrimento, das quais faz parte. Também há boas notícias: Fábio lhe disse várias vezes que a ama. No jardim de infância disseram a

O PODER DO DISCURSO MATERNO 141

Daniela que Fábio está mais contente e parece menos preocupado, tendo ganhado mais entusiasmo para brincar com as outras crianças. Não é pouca coisa. Os encontros seguintes prosseguiram da mesma forma: acompanhando o exercício constante de olhar a realidade como é, ajudando-a a não voltar a refugiar-se em seu personagem, a ir vivendo da maneira mais conectada possível com seu eu verdadeiro.

E seu motivo de consulta? Chegou preocupada porque não tinha paciência com o filho. Agora tem muito mais do que uma capacidade maior de tolerá-lo. Agora é capaz de observar a si mesma com menos medo e, a partir dessa experiência, tomará suas decisões ao longo da vida.

6. Fora da trilha

A REPRESSÃO DAS PULSÕES BÁSICAS

Mesmo que todas as religiões e sistemas morais do mundo tenham como meta o desenvolvimento da capacidade de amar, ou seja, coloquem a inteligência a serviço da reciprocidade e do altruísmo para que cada indivíduo ofereça ao próximo o melhor de si em benefício de toda a comunidade, a realidade é que, coletivamente, caminhamos por uma trilha básica, burra e linear, da qual custa muito nos afastar. A maioria das pessoas reage a ideias comuns que funcionam no modo automático, mais ligadas ao **medo** do que a qualquer outra coisa. Medo de ser diferentes, medo de pensar com autonomia, medo de refletir e de nos tornar responsáveis por nós mesmos. É mais fácil ser parte do rebanho do que encarregar-se da própria individualidade.

Sem importar que área da vida cotidiana vamos abordar, é simples registrar o nível de automatismo que conservamos. Todos pensamos o mesmo em relação à educação, à criação dos filhos, à alimentação, à cultura, às escolas, ao valor que creditamos à ascensão social ligada obviamente ao incremento patrimonial. Todos pensamos mais ou menos o mesmo em relação ao amor romântico, à infidelidade sexual, ao ciúme entre irmãos, à ideia de justiça, ao que é pecaminoso ou ilegal, à divisão entre bem e mal. Quero dizer que — sem nos darmos conta — opinamos a mesma coisa, organizamos nossa vida com base nos mesmos parâmetros culturais e sofremos, aprisionados pelas mesmas leis autoimpostas, pela falta de honestidade, autonomia e liberdade.

Possivelmente, o fato de que todos caminhemos pela mesma trilha em todas as áreas da vida é consequência de não termos tido a oportunidade de **nos autorregular** desde o momento preciso do nascimento. Quer dizer, **perdemos nossa bússola interna, que é a mãe de todas as bússolas.**

Se não podemos comer quando temos fome, se não podemos nos negar a comer quando simplesmente o apetite não vem, se não podemos nos amparar nos braços de nossa mãe quando necessitamos dela, se nosso pulso interno está proibido de se mostrar de modo espontâneo enquanto nos vemos obrigados a nos acomodar a regras externas; então qualquer ordem, qualquer caminho, qualquer decisão será imposta facilmente, porque não temos registro de nosso próprio ritmo. As **pautas externas** invadem nossa civilização porque não permitimos à criança recém-nascida nem à criança um pouco maior **respeitar seus impulsos básicos. Até que elas se esquecem deles por completo.** A partir daí, estamos perdidos.

O desastre que aconteceu mundialmente com a amamentação é prova disso. Há anos os especialistas tentam fazer que as mães aprendam a dar de mamar. Mas continuará sendo algo difícil enquanto continuarmos propondo horários às mães e não as incitarmos a permitir a autorregulação do bebê. Essa é a única maneira de fazer com que a amamentação se estabeleça de maneira espontânea.

O mesmo acontece quando entorpecemos às crias o contato com o próprio corpo, com o corpo materno e a liberdade para explorar. Obrigamos as crianças a mudar cada pequena atitude espontânea e, assim, garantimos a desconfiança em relação às próprias intuições. Daí precisamos de profissionais para quem delegamos um suposto saber, para lhes perguntar absolutamente tudo. Pior ainda, quando recebemos conselhos ou indicações da ordem que seja, não contamos sequer com uma cota de intuição pessoal para checar se essa sugestão nos atende e se é positiva ou não para nós.

O sucesso desse sistema que divide o mundo entre o que é correto — segundo certas regras — e o que é incorreto e precisa ser modificado depende da insensibilidade que nós, adultos, mantemos com relação às **necessidades das criaturas pequenas**. As crianças choram dolorosamente e os adultos não se abalam. Não tomamos conhecimento. Claro, nós nos presenteamos com a hierarquia de sermos grandes, e, portanto, lhes infligimos esse sofrimento. Assumimos uma autoridade dominante e simplesmente nos parece adequado reprimir as pulsões básicas. Estamos garantindo assim que, no futuro, essas crianças, que hoje sofrem, esperarão o momento indicado para assumir sua cota de poder e ferir outros mais fracos, em uma cadeia absurda e sem retorno.

Vamos admitir que **a privação do prazer físico sensorial durante a primeira infância é a principal causa da futura violência social**. A violência em grande escala só acontece nas culturas e comunidades nas quais se é repressivo com as crianças e, sem dúvida, nas quais também reprimimos a vida sexual como um todo. A privação de prazer corporal nas criaturas é diretamente proporcional ao desenvolvimento da violência em todas as suas formas.

Os maus-tratos e o abuso das crianças são recorrentes, banais, cotidianos e comuns, embora só estejamos dispostos a reconhecê-los quando os casos são muito visíveis.

Lamentavelmente, tenho a sensação de que ainda não estamos prontos para olhar de frente a **sistematização** do abuso, porque teríamos de questionar todo o sistema comunitário em que vivemos. Ou seja, teríamos de observar toda a trilha completa com a lógica que a sustenta para perceber que o abuso, a repressão, os maus-tratos e a **dominação dos mais fortes sobre os mais fracos** são a mesma coisa. Todas essas dinâmicas humanas têm um único objetivo: o domínio e a acumulação de bens. Se a sociedade patriarcal se baseia no patrimônio, as guerras são parte necessária desse sistema.

As guerras obrigatoriamente são fratricidas, ou seja, exigem que os irmãos se matem uns aos outros com o único objetivo de obter território, lucros ou poder. Para isso, precisamos gerar guerreiros, ou seja, seres insensíveis e capazes de matar. Isso é algo muito fácil de conseguir: simplesmente negando aos bebês e crianças pequenas o corpo materno e o prazer que esse contato proporciona. Não é verdade que nos importa o bem-estar de nossas crias. Pelo contrário, o propósito é que a criança sofra na medida suficiente para que logo seja capaz de reagir com ira para dominar os outros.

Para todos nós, o amor é uma necessidade fundamental. Um bebê que não tenha sido humanizado através do amor e do sustento materno no início da vida vai sofrer um processo de desumanização com as consequentes reações agressivas, já que aprendeu a se adaptar a um meio carente em termos afetivos. Cada experiência de vazio emocional que uma criança humana ávida de cuidados e contato materno sofre se soma a outras experiências de muitas outras crianças que se encontram nas mesmas condições, até que esse desespero se molde em **escala coletiva**.

Alice Miller escreveu que os danos infligidos durante a infância são **crimes da Humanidade contra a Humanidade**, já que nossas crianças crescem armazenando a violência que então vão aplicar tal como receberam. Uma vez que tenhamos chegado à idade adulta, exercerão o poder contra as crianças da geração seguinte. A violência se perpetua graças à banalização da falta de amor primário. Quero dizer, não nos parece algo terrível nem nos horrorizamos com cada bebê que **não encontra o corpo da mãe** enquanto chora inconsolável. Observamos isso cotidianamente à nossa volta e, além disso, nós mesmas negamos nosso corpo quente aos nossos filhos. Simplesmente estamos fartas de suas demandas. Aliamo-nos aos demais adultos que nos dão razão e concordamos que as crianças têm de compreender que não é correto ser "tão" exigentes.

Os tempos modernos também jogam contra nós, mulheres. Acreditamos que finalmente estamos tendo acesso à nossa tão ansiada liberdade, depois de séculos de submissão ao homem, pelo fato de trabalhar e ganhar dinheiro. Acreditamos que é uma vitória do gênero feminino. Nada mais distante da liberdade.

Podemos trabalhar e ganhar dinheiro. Podemos chegar a postos de poder político ou econômico. Mas se nós, mulheres, continuarmos caminhando pela trilha cega da opressão e das limitações do **amor primário**, se não reconhecermos a repressão e a dureza que paralisa nosso corpo, se não estivermos dispostas a ouvir nossas batidas uterinas, se não oferecemos o peito e os braços para proteger nossas crias, então estamos nos tornando artífices indispensáveis **da violência no mundo**. O resultado é que, **sem amor primário, não há liberdade**. Só haverá medo e compensações desesperadas. Ou seja, seremos todos prisioneiros de nossa ira ou de nosso terror.

As mulheres são a articulação entre o passado de repressão, obscurantismo e ódio e o futuro que desejamos de mobilidade, liberdade e buscas criativas. Somos nós, mulheres, que temos de compreender **a relação direta que há entre o amor primário e a liberdade. Entre a repressão do amor e a violência.**

TUDO QUE PENSAMOS DENTRO DA TRILHA

Diante desse panorama, fica claro que todos nós viemos mais ou menos de realidades de **vazio de amor primário**. E que sobrevivemos utilizando certos mecanismos de sobrevivência. Esses mecanismos estão descritos em vários livros de minha autoria, sobretudo em *A biografia humana* e em *O que nos aconteceu na nossa infância e o que fizemos com isso*. O problema subjacente é que **não contamos com outros parâmetros**. Não conhecemos ninguém que venha de uma história infantil de amor e sintonia corporal. Então não sabemos com que comparar. Só conhecemos nossa trilha, que é a mesma pela qual todos transitam.

Suponhamos que, diante de um câncer, consultemos um médico oncologista alopata tradicional. Ele vai nos sugerir a remoção cirúrgica do órgão e então algum tipo de radiação. Decidimos escutar outras opiniões, então vamos consultar dez médicos diferentes, todos oncologistas tradicionais. Como todos dão a mesma opinião, ou seja, todos propõem a cirurgia e a radiação, chegamos à conclusão de que essa é a solução correta para o problema, convencidos de que consultamos um leque de profissionais. No entanto, isso não é verdade. Podemos visitar cem médicos. Mas, se esses cem médicos caminham pela **mesma trilha**, não há diferença entre o critério de um e o de outro. Não temos com que comparar. Acreditamos que fizemos uma escolha entre muitas opiniões, mas isso é falso. Muito bem, se fôssemos consultar um homeopata, um ayurvédico, um antroposófico, um médico chinês, um naturopata e um curador espiritual, talvez obtivéssemos outra proposta. Porque então estaríamos procurando transitar por alguma **outra trilha**.

Quando pensamos sobre a condição humana, acontece a mesma coisa. Acreditamos que temos objetividade para pensar, mas na realidade estamos todos dentro da mesma trilha, que é a trilha do patriarcado; a tal ponto que supomos que o ser humano "é" guerreiro, depredador e manipulador, e que essas qualidades são próprias da espécie. Por exemplo, sentir ódio, rancor e vontade de destruir. Sair da trilha é muito difícil, a menos que estejamos dispostos a questionar tudo o tempo todo. É de deixar qualquer um esgotado, sem dúvida.

Cada discurso familiar faz parte de outro discurso maior e este faz parte de outro ainda maior, até ser parte das **ideias pertencentes** à **Grande Trilha Geral**. Ou, ao contrário, podemos pensar que das **ideias da Grande Trilha Geral** se desprendem as ideias que defendemos em cada comunidade, cada família, cada indivíduo etc. Como no jogo das bonecas russas, as "matrioskas", que se encaixam uma dentro da outra. Dito isso, constataremos que sair do discurso sistematizado da Grande Trilha é uma tarefa muito difícil, mas, em meu entender, é a única coisa urgente se queremos obter um olhar verdadeiro com relação aos nossos sofrimentos.

Por isso, sugiro desconfiar de todas as teorias, inclusive as mais sedutoras. Eu, Laura Gutman, observo como são absorvidas minhas propostas para encaixar no **discurso coletivo alternativo**. Acontece que, pessoalmente, não tenho o menor interesse nisso. Não luto pela criação com apego, não defendo a amamentação ao extremo nem sou defensora ferrenha do leito compartilhado (para repetir algumas frases que se publicam nos meios de comunicação e nas redes sociais). Nada disso é importante. A única coisa que proponho é **perceber** cada indivíduo com suas dificuldades, **detectar** então seu discurso iludido e **revisar** todo esse discurso para chegar à **verdade íntima** dessa pessoa. E então que esse indivíduo faça o que quiser com esse novo ponto de vista ampliado sobre si mesmo. Isso é tudo. Mas para isso temos de estar o mais longe possível da trilha, ou seja, atrevermo-nos a **questionar tudo**, absolutamente tudo:

não quer ir à escola? E o que acontece se não vai à escola? Como? Como assim, não vai? Mas onde meu marido vai dormir? E a relação do casal? E se não toma leite, o que dou a ele? E o cálcio? E se ficar mal-acostumado? Mas como não vou vacinar? E se acontece alguma coisa, o que faço com minha culpa? Mas como não vai visitar os avós? Não dou antibióticos? Como assim, vou abandonar minha mãe? Como é que pode alguém querer ficar doente? Mas será tão assim? Não é exagero? E se me recriminar quando crescer? Vou sozinha?

É, de certa forma, esperado que todos nós transitemos pela trilha habitual, porque é o caminho que conhecemos. Também é verdade que nos acomodamos e então dizemos a nós mesmos que é o único caminho existente. Ou seja, mentimos para nós mesmos com o objetivo de não perder o conforto obtido. Pois bem, aí sim temos uma responsabilidade: a de decidir que não queremos tomar consciência do que há além disso que nos foi dado.

Pessoalmente, me chama muito a atenção que, depois de anos e anos dando aulas, as perguntas, reações e exclamações de quem escuta são sempre as mesmas. Como se fôssemos marionetes feitos em série, pensando a mesma coisa, sustentando os mesmos preconceitos e nos defendendo com unhas e dentes de certas propostas que, na verdade, não podem machucar ninguém. No entanto, parece que só o fato de nomear algum pensamento fora do comum nos coloca em alerta como se fosse algo perigoso.

Não é necessário que outras pessoas pensem igual a mim. O interessante seria que pensem como quiserem, mas com **autonomia**! Paradoxalmente, se permanecemos na trilha, não há autonomia possível. Porque não há nenhuma descoberta própria, mas herdada do pensamento coletivo.

Por isso, também cabe ao *beagador* que acompanha processos de questionamento pessoal pôr tudo em xeque e ter a coragem de questionar tudo ao consultante. Não dar nada por certo. Não compartilhar preconceitos. Não aconselhar. Não decidir o que é ou não correto. Não opinar. Não ter juízos de valor. Não desejar a cura de ninguém. Não achar que o que tem a dizer para o consultante é uma genialidade. Não pretender que o consultante faça mudanças. Não antepor crenças próprias. Não sustentar nenhuma ideologia. Não exercer poder sobre o outro. Não assumir nenhum suposto saber. Não reter o consultante acreditando que o melhor é continuar com os encontros. Não tornar-se uma referência nem um aliado. Não se acomodar no papel de profissional admirado que o consultante projeta. Não ter certeza de nada.

AMPARO: A DISTÂNCIA ENTRE O CORRETO E A VERDADE INTERIOR

Amparo é administradora de consórcios, tem 33 anos e duas filhas, de 3 e 2 anos, Sofia e Manuela. O sacerdote de sua congregação lhe sugeriu ler meus livros e consultar nossa instituição (acontece, há sacerdotes cristãos que recomendam meus livros).

Ela está preocupada porque sente que perde o controle com as duas filhas e que "um monstro sai de dentro" dela. Tem medo de fazer algo terrível. Diz que não bate nas meninas, mas às vezes bate na parede. Amparo é pequenina, fala com uma voz muito baixa, tem cabelo comprido, arrumado, preso cuidadosamente, e toda sua aparência física transparece suavidade e ordem. Perguntamos a ela pelo vínculo que tem com o sacerdote que recomendou e conta que é muito católica, que a Igreja tem sido historicamente seu lar, que sempre fez retiros espirituais, mas que, desde que as filhas nasceram, não teve mais oportunidade de participar e isso a mantém fora de seu equilíbrio, além de não suportar o barulho em casa.

Explicamos — como é de praxe — o processo da biografia humana e damos início a ele, investigando entre suas lembranças de infância. Seus pais foram trabalhadores de classe média. Do pai tem lembranças de seu mau humor e de que passou toda a infância tendo medo dele. A mãe foi dona de casa, mas há vários anos trabalha para uma instituição religiosa. Amparo é a última filha de oito irmãos. Seus sete irmãos nasceram com bem pouca diferença de idade, mas ela nasceu muito depois, tendo sido criada quase como filha única, já que os irmãos haviam saído de casa ainda jovens. No discurso familiar, ela era "a filha mimada". Isso é o que Amparo **diz**. Mas nós nos concentraremos em descobrir quem — na verdade — disse isso e quão perto ou longe essa ideia está da realidade vivida por Amparo.

Perguntamos sobre lembranças de sua primeira infância, e aparece o **medo do papai**. Quando ouviam o ruído das chaves, todos corriam para fazer algo que o papai tivesse mandado. Batia muito nos irmãos homens. Nas mulheres, Amparo diz que não. Também se lembra das brigas e dos insultos trocados entre mamãe e papai, mas não sabe por que brigavam. Amparo passava bastante despercebida no tumulto familiar, aprende rapidamente que "por favor", "obrigada" e "me desculpe" são palavras que garantem certa calma. As cenas na hora de comer são horríveis: gritos, reprimendas, ameaças. Fazemos que ela note que relata esses episódios sem se comover ou chorar. Pensa um pouco e responde com franqueza que, quando o pai dava bronca neles, acrescentava: "E agora não chore"; portanto, Amparo sabe como segurar as lágrimas. Uma vez que confessa isso à *beagadora*, começa a chorar e não há meio de acalmá-la. Bom sinal.

A *beagadora* pergunta então **onde ela acredita que estava a mãe** enquanto o papai maltratava os filhos. **Não sabe**. Acredita que a mãe sofria por tudo isso. Mostramos a ela que havia um acordo tácito entre mamãe e papai, explicando como funciona a violência invisível. Conforme vai escutando, recorda, chora e chora. A beagadora então a acompanha, chorando um pouco também. Tentamos trazer lembranças específicas em relação à mãe, mas não aparecem. Só sabe que ela sempre tentou **fazer o que era certo** para que ninguém se irritasse. O que é fazer o certo? Amparo levanta os olhos e não entende a pergunta. Sim, peço que você cite algumas coisas corretas, por favor. E Amparo não sabe citá-las, só sente que há algo da ordem do sagrado que é correto e muitas coisas ruins que são incorretas, mas não consegue precisar nada além disso.

Amparo se sente aturdida. Explica que não quer fazer esse processo para terminar zangada com a mãe. Claro, tem razão. Aproveitamos para dizer-lhe que imaginamos o impacto que deve estar sentindo ao ouvir pela primeira vez que a **mamãe tem algo que ver com a modalidade vincular dentro do lar durante sua infância**. Não há "mamãe boa" nem "papai ruim". Nosso trabalho não se concentrará em determinar quem tem culpa: o único propósito é que ela se veja, quando criança, nesse cenário. Isso deu margem para conversar um pouco sobre "o bom" e o "o ruim", tão arraigados na moral cristã. Voltamos a repassar o funcionamento de mamãe e papai, que continuam juntos depois de quase 50 anos. Ou seja, funcionam sob acordos básicos. Mas teremos de investigar se isso que funcionou para mamãe e papai implica que Amparo recebeu aquilo de que necessitava.

Continuamos investigando de modo aplicado. Passou pelos anos escolares sem ruído. Relativamente boa aluna. Estudou em colégio de freiras, claro. Perguntamos por amigas ou dificuldades, e aparece a lembrança de que suas amigas a chamavam de "a pedinte". Por quê? Porque não lhe mandavam o lanche nem dinheiro para a cantina, então pedia... No final ficou com vergonha de pedir, então passava fome. Obviamente nunca contou isso em casa. Ninguém nunca soube. Não tinha muitas amigas, escolhia ficar reclusa em casa. Alguém perguntava a ela de que precisava? Ninguém, é claro. Preferia ser invisível. Assim não surgiam problemas. Durante a adolescência, aparecem os olhares dos homens. Ela é bonita. Morena e magra. Sentia-se exposta, então se vestia com roupas muito folgadas. Alguém em casa sabia o que te acontecia? "Não, ninguém." Amparo diz que a repressão em casa era tão grande que talvez por isso tivesse tanto medo. No entanto, suas irmãs tiveram namorados desde cedo e os pais nunca proibiram. Na verdade, supomos que ninguém olhava para Amparo, portanto deduzimos que o medo dos homens devia ser mais uma questão de autoproteção e de isolamento do que de outra coisa. Sim, Amparo passava muito tempo só.

Amparo se conecta com suas lembranças com pouquíssima vitalidade. Parece que o estímulo estava nas brigas e nos gritos do lar. Ao contrário, ela esbanja vitalidade em **fazer as coisas bem**. Então perguntamos mais uma vez o que é "fazer o bem". Fica pensando e promete encontrar uma resposta. Assim conclui o primeiro encontro.

Na segunda sessão, Amparo traz uma frase que escrevera aos 14 anos: "Sou como uma plantinha da qual todos os anos se exige que dê flores, mas a qual nunca regam". Encontrar esse caderno a angustiou muito. Lembra-se de que nessa época entrou em um grupo de missionários com quem viajava para o interior do país, e que foi a melhor coisa que lhe aconteceu. Com eles fez muitos retiros espirituais, e hoje sente falta desse silêncio que lhe dava tanta paz. Falamos um pouco sobre o significado que esse grupo tem para ela. Então repassamos o cenário visto da última vez, mostrando-lhe um desenho de batalhas em torno dela e ela **sozinha, invisível** no meio da desordem.

Aos 23 anos conhece seu atual marido, Miguel. Namoraram durante sete anos. E, como se pode imaginar, não tiveram relações sexuais durante todo esse tempo. Perguntamos a ela sobre a qualidade dessa relação, mas Amparo não consegue contar grande coisa. Miguel também vem de uma família muito católica, na qual ocupa um lugar parecido com o de Amparo em sua família: passa **despercebido**.

Amparo **diz** que entre Miguel e ela há muita comunicação, que conversam sobre todos os assuntos. Nós, é claro, colocamos em dúvida essa afirmação, não imaginamos muitas conversas nem muito entendimento. Então Amparo confessa que andam discutindo por um assunto com relação à babá. Miguel não concorda em destinar dinheiro para isso e Amparo, por sua vez, sente que, sem a ajuda da babá, vai enlouquecer. Miguel afirma que trabalha demais e que o dinheiro poderia ser usado para outras coisas, se ela tivesse mais paciência para se ocupar das filhas. Amparo se ofende, sente que faz tudo bem-feito, mas nunca é suficiente. Não sabe como falar com Miguel, não compreende as próprias necessidades, e em seguida fica envergonhada de suas explosões.

Respondemos a ela que deve ser muito difícil ter necessidades e não poder expressá-las. Sua cabeça começa a doer... ela tenta chorar... Mas as lágrimas não saem! Lembramos a ela que essa frase que escreveu aos 14 anos reflete um registro interessante: o de precisar de mais cuidado. Então ela se põe a chorar e imediatamente se desespera, porque não consegue conter o pranto. Garantimos que pode chorar à vontade, que este é um bom lugar para chorar. Então — com o aval dessa permissão explícita —, se põe a chorar sem parar, como se tivesse lágrimas guardadas há muitos anos e necessitasse esgotá-las todas juntas. É impressionante. Mas ali estamos, esperando e apoiando esse choro.

Depois de esperar com paciência, oferecendo abraços e acolhimento, a *beagadora* insinua algumas palavras carinhosas e garante que chorar é algo bonito. Que essa repressão de seus desejos e necessidades congelou sua alma, e que já não é necessária. Seu pai já não pode castigá-la. Na verdade, ninguém pode castigá-la, **agora é adulta** e tem a liberdade para decidir fazer o que quiser com suas lágrimas. Foi necessária mais uma hora para conseguir se despedir e sair para a rua. Foi um encontro no qual não conseguimos avançar muito na cronologia de sua biografia humana, mas pelo menos abrimos as comportas de uma proibição obsoleta que ainda estava ativa em seu interior.

Um pouco mais tarde ela entrou em contato com a *beagadora* para dizer que havia chegado em casa e que sentia muito medo, medo de ficar sozinha com as filhas, medo de fazer alguma loucura, medo de sair do sério como nas explosões de seu pai. Então a acalmamos, dizemos a Amparo que ela ficou fixada em um nível emocional de criança pequena. Essas são apenas algumas consequências dos desastres que fabrica **a violência encoberta na falsa moral cristã**.

Esse medo de tudo é infantil, manifestado em seu corpo de mulher adulta. Os maus-tratos vivenciados durante toda a sua infância se transformam em ingenuidade, medo e sensações perigosas que inundam sua vida cotidiana. Quando uma pessoa é maltratada na infância, qualquer movimento é escandaloso ou temível. Hoje, o próprio fato de nomear a realidade emocional parece provocar um abalo. No entanto, não é perigoso nomear verdades afetivas. O danoso é não reconhecer os fatos dramáticos que vivemos, pois, **ao não serem nomeados**, não podemos contá-los nem distingui-los, então o corpo age por nós. Nossa angústia e nosso choro aparecem sem permissão, não conseguimos controlá-los, surgem do interior, mas ao mesmo tempo se comportam como estrangeiros, já que não temos domínio sobre "isso". Portanto, estamos bem. Enquanto o choro reprimido surgir e não enfrentar nenhuma barreira, significa que estamos no caminho do encontro com a própria sombra.

Quando Amparo volta para a consulta seguinte, com um sorriso e um ramo de flores, conversamos brevemente sobre o que aconteceu da última vez. Desenhamos um diagrama simples, uma menina chamada Amparo fechada em círculos com diversas camadas: a moral, as crenças, o discurso de papai, o medo e a indiferença de mamãe. Todas essas camadas encerram uma Amparo pequena e assustada. Amparo interrompe. Diz que ela sempre se esforçou para fazer as coisas bem. A *beagadora* responde que vamos tentar **não pensar em bem e mal**. Com toda a bagagem de moral cristã e repressão, esse é seu costume. Mas nesse espaço **não estamos julgando**, estamos pensando livremente no que acontece com ela. Amparo fica pensando, surpresa, como uma criança... diante de um abismo de possibilidades.

Conversamos sobre o desespero infantil que viveu depois do encontro anterior, sobre como se sente frágil pelo simples fato de não nomear sensações. Mostramos a ela que essas sensações existem, ainda que não sejam nomeadas. Ou seja, funcionam de qualquer forma. Ela agradece e continuamos.

Retomamos a informação sobre sua família de origem. Segundo seus irmãos, ela é uma espécie de "princesa privilegiada". As irmãs costumam dizer: "Você pegou o velho cansado, com você foi diferente". Com isso, a ela fica vedada a possibilidade de que **também** sofreu abandono, de que não foi olhada e de que sofreu maus-tratos.

No entanto, Amparo assumiu esse personagem. Na dinâmica familiar, reivindica o papel de mediadora, falando com uns e outros para apaziguar os problemas. Ouve a todos e sente que ajuda e faz o bem. **Diz** que quer que todos sejam felizes. A *beagadora* lhe mostra que uma dinâmica familiar é de todos, mesmo que ela conserve o desejo infantil de solucionar os conflitos, como se apenas com seu desejo pudesse modificar a realidade. O que seria arbitrar? O que seria "fazer o bem"? O que seria "ser feliz"? Talvez signifique que a princesinha com seus poderes mágicos pudesse fazer que **as coisas fossem como ela achava que deveriam ser**.

Isso pode ser chamado de fantasia ou ingenuidade. E mais. É provável que, enquanto ela atende ao telefone para salvar a humanidade dos grandes perigos, suas próprias filhas estejam desesperadas pedindo a presença materna. É possível que faltem muitas coisas a suas filhas, que ela não chega a vislumbrar porque está ocupadíssima ouvindo as queixas de alguma irmã. Nessa família, todos sofreram. Em vez de compartilhar o amor — que não existe —, compartilham o sofrimento — que sobra.

Resumindo, nos resta revisar o papel que Amparo atribui à mãe, que até agora parece ser intocável, já que realiza obras de bem. Portanto, nossa principal hipótese é que Amparo vai estar apegada a fazer o certo, e preocupada que o marido e as filhas respondam aos seus mandatos ou à sua moral, para se acalmar. Teremos de revisar a realidade cotidiana de suas duas filhas, de quem ainda não sabemos nada, suspeitando que Amparo tem grandes obstáculos para **senti-las**.

No encontro seguinte, retomamos a relação com Miguel. Ele adora jogar tênis. Amparo se incomoda com isso. Ultimamente, Miguel quase não joga, claro. Amparo espera que Miguel cumpra com algumas expectativas, que ele obviamente não executa. Ela costuma lhe enviar mensagens carinhosas, mas Miguel não se interessa por isso. Já temos uma lista de coisas que Amparo gostaria que ele satisfizesse.

Então perguntamos o que Miguel lhe pede. Não sabe. Titubeia... e finalmente **diz**: "Acho que Miguel não tem muito espaço para pedir nada". Muito bem. Até há pouco Amparo se

O PODER DO DISCURSO MATERNO **159**

vangloriava de uma comunicação impecável no seio do casal e de ser excelente esposa. Mas, depois de dez anos de casamento, não é capaz de responder de que o marido necessita ou reclama. Melhor rir do que chorar.

Agora sabemos que nos compete aprofundar sobre o mecanismo de Amparo de satisfazer seu meio externo, demonstrando ser a filha perfeita, mas Miguel fica de fora e suspeitamos que as duas filhas também. Há algo sombrio que está em atividade: a manipulação sutil através do tom bondoso, "pelo seu bem", que incomoda a todos, especialmente a Miguel. Quando falamos sobre isso, sua cabeça começa a doer novamente. Mas desta vez associamos isso a tantas sensações não nomeadas e damos as boas-vindas à dor. Amparo se angustia. Damos as boas-vindas a esse medo interno e ancestral. Assim registramos e permitimos que tudo que existe em seu interior se expresse.

Retomando sua biografia humana: depois de sete anos de namoro com Miguel sem relações sexuais, eles se casam. Amparo tem a ideia de que eles "falam de tudo". Em seguida vamos confirmar que na realidade ela monologa e Miguel concorda. Ela se lembra do primeiro período de casamento como uma época muito feliz. Fica rapidamente grávida de Sofia.

Perguntamos sobre o parto. O que se imagina: o médico diz a ela que seu útero é "muito fininho" (alguém sabe o que isso quer dizer?) e ela acaba em uma cesariana comum e vulgar, dessas brutais, amarrada, com muita gente em volta, exposta, um espanto. Ela se lembra disso como algo horroroso. E não é para menos. Volta para casa com Sofia. Amparo acaba de se dar conta de que estava sozinha, que não recebeu ajuda da família nem de ninguém. Aos dois meses, Sofia tem bronquiolite e Amparo fica praticamente enclausurada com o bebê. Miguel trabalha o dia todo. Agora Amparo pode dizer que nesse momento não tinha nenhum registro de quão sozinha e necessitada estava, e não sabe como se organizou para tomar conta de Sofia; agora põe em dúvida se realmente foi capaz de fazer tudo direito. Na verdade, não consegue amamentá-la. Claro — é fácil compreender agora — que não tinha as condições externas nem internas para amamentar em plenitude. Não bastasse, durante a primeira consulta obstétrica após o parto, o médico lhe pergunta se já teve relações sexuais. Não. Amparo interpreta isso como algo ruim. A questão é que se encontra sozinha, carregando sua rigidez interna, a menina doente, o marido trabalhando o dia todo, com a obrigação de ter de retomar uma atividade sexual que não deseja e atormentada pela lembrança de uma cesárea maltratada. Acredita que vai enlouquecer. Não fala com ninguém, trata de fazer o que é certo, e aguenta, como deve ser.

Aos cinco meses de Sofia, fica grávida de Manuela. Sim, uma mulher afastada de seu eixo íntimo e distanciada energeticamente de sua bebê pequena pode ficar grávida. Enfim, a essa altura, estamos observando, ao lado de Amparo, a **distância que há entre seu ser interior e sua própria moral**. Entre seu conceito de fazer o bem e o que é verdadeiramente benéfico para seu cônjuge, suas filhas e para ela mesma. Essa é a hipótese proposta. Agora o propósito se concentra em ir colocando palavras, em escutar os demais e em **observar-se com mais honestidade**. A distância entre o que ela organizou em sua mente *versus* a realidade real é bastante nova, ainda que as consequências se manifestem em suas filhas, que adoeciam muito. Às vezes esse processo é lento e tedioso, uma vez que envolve tratar de inúmeros pequenos detalhes cotidianos, que agora Amparo registra, e que antes lhe passavam despercebidos. Não são grandes conquistas. São pequenas e íntimas. Mas Amparo está muito comprometida.

Por fim, um dia Amparo vem à consulta **mudada**. O cabelo bem curto, moderno. Vestida de jeans e com um ar juvenil. Segura de si mesma. Diferente. Sente-se com mais consciência, de fato, consegue antecipar certas cenas. Lembra-se das entrevistas nas quais acabava com dor de cabeça. Agora se dá conta de que no fundo não tem que ver com Miguel nem com as filhas. Tem que ver com sua mãe.

Começou a se incomodar com a história de "pobre mamãe". Está tentando viver cada dia como se apresenta, em vez de sustentar um ideal de família ou um ideal de crenças e então tentar fazê-los se encaixar na vida cotidiana. Durante as férias com todos os parentes, Amparo conseguiu observar *in situ* as dinâmicas que vínhamos nomeando durante nossos encontros. Observou a si mesma e constatou que fazia grandes esforços para se acomodar ao papel historicamente designado de filha resolutiva. Pensamos na possibilidade de tirar férias com o marido e as filhas, em vez de todos ficarem submetidos às férias familiares, nas quais os automatismos disparam sem pedir licença.

As meninas estão começando a adaptação ao jardim de infância, então trazemos a voz dessas meninas, agora que Amparo está mais receptiva. Aparecem constantemente as opiniões dos sogros, que consideram que as pequenas vão acabar sendo muito mimadas se lhes derem tantos gostos. Nós colocamos na mesa a importância que Amparo dá a esse olhar de censura. Reconhece que, no seio de sua família, também deixava que lhe digam qualquer coisa a fim de evitar problemas.

Começamos a vislumbrar Amparo querendo tomar suas decisões, mas retoma a mesma trilha uma e outra vez: de um lado surge automaticamente a menininha que "faz tudo perfeito para não ser criticada"; de outro, sente-se presa a esse personagem e não gosta disso. Continuamos o trabalho em cima dessa pulsão, ajudando-a a encontrar seu eu profundo, com seus cabelos ao vento e seus colares cada vez mais coloridos.

Houve períodos nos quais Amparo deixou de comparecer às consultas, e outros em que se organizava e voltava, mas logo se desorganizava de novo. Tomamos isso como bom sinal: ela, que fazia tudo perfeito, desta vez foi se permitindo certa elasticidade. Essa flexibilidade lhe permitiu estar mais receptiva, de fato, foi registrando algumas dinâmicas das quais havíamos falado no início, mas que só agora Amparo as sentia dentro de si. Por exemplo, em relação à sua **mãe idealizada e abnegada**, cuidadora de tantos filhos, a quem não se pode pedir nada porque está sempre ocupada. Com choro e muita dor, Amparo vai organizando cada coisa em seu lugar.

Outra boa notícia é que Miguel aceitou um trabalho extra de professor de tênis. Vamos lembrar que o tênis era sua grande paixão, mas, para agradar Amparo, tinha deixado essa atividade de lado. Desta vez Amparo aceitou. De qualquer forma, teve de fazer um grande esforço, pois uma coisa é afirmar "adoro que Miguel faça o que gosta" e outra muito diferente é suportar o fato de ficar sozinha até a meia-noite, três vezes por semana, com as meninas por sua conta. Mas conseguiu ir admitindo o que tolera ou não, e com conversas honestas foram encontrando juntos uma quantidade de horas de treinamento que Amparo possa suportar e sejam suficientes para Miguel.

A partir desse caso — com a hipótese colocada —, continuamos acompanhando o processo de Amparo, sempre com o objetivo de **encurtar a distância entre seu personagem e ela mesma**. Entre **seus discursos iludidos e sua realidade real**. Uma maneira fácil de fazê-lo é trazer a voz de suas duas filhas pequenas.

Acontece que, agora mesmo, Amparo começa a registrar que Sofia não quer ir ao jardim de infância, sofre, diz que a professora dá bronca. Amparo sabe que este ano ela caiu com uma professora bem rígida. Amparo reconhece que há alguns meses ela teria defendido a professora. Agora, simplesmente consegue sentir o que a filha sente.

Em pouco tempo, Amparo decide tirar as duas meninas dessa escola; deu-se conta de que ainda são muito pequenas e não têm nenhuma obrigação de frequentá-la. Decidiu organizar com elas algumas atividades durante a semana: ginástica artística e natação. Aos sábados frequentam uma escola de música. Nem acredita que agora ninguém chora de manhã para se levantar, percebe que mantinha um nível de estresse alto, e que isso não fazia sentido. Ou melhor, o sentido era alimentar o personagem da mãe que faz tudo bem-feito e leva suas filhas a um bom jardim de infância. Quando sai do personagem, a vida flui. Em suma, uma vez que Amparo se compreende melhor, entende seus mecanismos de sobrevivência — que foram imprescindíveis quando ela foi criança — e entra em contato com sua interioridade, pode tomar decisões coerentes consigo mesma. Por isso o marido, as filhas e as pessoas à sua volta acompanham sem traumas. É desta forma, *grosso modo*, que se tratam os processos sob o sistema organizado da biografia humana.

7. O abuso sexual como sistema vincular

REFLEXÕES GERAIS SOBRE O ABUSO SEXUAL

É uma problemática complexa que nos interpela quando, de tempos em tempos, aparece alguma notícia impactante nos meios de comunicação e isso permite a toda a comunidade descarregar nossa fúria sobre o maldito estuprador e nos compadecer da vítima que foi abusada. Acho que não exagero ao afirmar que, diariamente, absolutamente todos os dias, há pelo menos uma notícia a respeito. Conforme a espetacularidade do assunto, haverá mais comentários no rádio, na televisão e nas redes sociais. Se encontraram um estuprador de cem mulheres, será uma notícia mais impactante do que se houve uma denúncia comum. Se um homem é professor e abusou de todas as crianças da sala, também. Todos nos horrorizamos com o horror e pronto.

Descrevi o complexo tema dos abusos sexuais em meu livro *Adicciones y violencias invisibles* [Vícios e violências invisíveis], mas quero acrescentar algumas reflexões. Em primeiro lugar, o abuso sexual é algo intrínseco ao patriarcado. Ou à androcracia, se preferirmos chamar assim. Que seja intrínseco significa que faz parte de uma lógica funcional e que então, em vez de nos horrorizarmos, temos de compreender antes de tudo qual é a função do abuso dentro de um sistema determinado para, em seguida, talvez, fazer algo para modificar isso. Mas não podemos pretender que não haja abusos sexuais dentro da lógica da submissão de uns aos outros. Os homens submetem as mulheres; os adultos, as crianças; os fortes, os fracos etc.

Passamos vários séculos vivendo em sociedades baseadas no princípio da dominação — diferentemente das sociedades anteriores, baseadas no princípio da solidariedade —, nas quais toda ferramenta que permita submeter o outro é considerada valiosa: a falsa moral religiosa, que impõe o que é correto e o que não é, as guerras para conquistar territórios, o corpo das mulheres e das crianças como objetos de intercâmbio comercial, a escravidão, as possessões, o acúmulo de bens. A submissão pela força física do corpo de alguém mais fraco é parte de uma lógica mais ampla que, como tal, une a muitos, muitíssimos indivíduos — que se sentem em todo seu direito de exercer o controle e o poder sobre outros, porque isso é tudo que aprenderam quando crianças. Isso não é fruto apenas da ação de um indivíduo louco ou desequilibrado, como transmitem os meios de comunicação quando há alguma notícia que vende minutos ou páginas, aproveitando o estado patológico geral.

É importante saber que uma enorme proporção dos homens e das mulheres na nossa civilização foi abusada sexualmente na infância. E que, hoje, quem é criança está sofrendo abuso. Exagero? Adoraria que fosse um delírio da minha mente atormentada.

Lamentavelmente, confesso que estou intoxicada de realidade. Trabalho sob um sistema de supervisão de todos os *beagadores* que atendem em minha instituição e por isso continuo tendo acesso à realidade emocional de centenas de pessoas que nos procuram, homens e mulheres, todos os dias. À medida que os anos passam, vamos afinando e aprofundando nosso trabalho, e a prova é que aparecem cada vez mais explicitamente as histórias de abuso, que permaneciam no esquecimento com a

O PODER DO DISCURSO MATERNO 167

finalidade de proporcionar um frágil equilíbrio para que os indivíduos conseguissem viver dia após dia sem desmoronar.

Compartilho com os leitores também que estamos cada vez mais treinados para encontrar os fios por onde a sombra emerge. Por isso, se há alguns anos precisávamos de muitos encontros terapêuticos para organizar os cenários de infância, hoje farejamos os abusos muito rápido, ainda mais quando — abordando a figura materna e constatando o nível de entrega ou de abandono em que essa criança desenvolveu sua infância — detectamos os indicadores para que o abuso suceda.

O mais triste é constatar que, quanto mais pessoas atendemos, mais as histórias de abuso aumentam. E, quando acreditamos que já encaramos as vivências mais assustadoras, sempre aparece outra mais cruel ainda, com o que não deixamos de aprender sobre os alcances do horror e ao mesmo tempo sobre a capacidade de sobrevivência dos seres humanos.

Saber que **o abuso sexual é comum e frequente** em nosso sistema patriarcal é um primeiro passo para não nos surpreendermos e para tentarmos compreender a realidade como é. Que não tenha acontecido pessoalmente conosco não significa que não seja um fato recorrente e, apesar disso, totalmente ignorado. Também é importante saber que um adulto abusador foi abusado quando criança, e que há abusadores homens e abusadoras mulheres. Que um homem abuse dos meninos é tão, mas tão comum que, se tivéssemos um verdadeiro mapa desenhado que reflita os abusos no mundo, ficaríamos pasmos. Que as mulheres abusem dos próprios filhos é menos comum, mas muito mais devastador.

Constatamos que o abuso de mulheres sobre seus próprios filhos (ou netos) leva a criança a, literalmente, **enlouquecer**. Não acontece a mesma coisa com crianças abusadas pelo pai, padrasto, tio, por irmãos mais velhos, pelo padre da paróquia ou por vizinhos. Mas se são abusados pela própria mãe ou pela própria avó que assume a função materna, na psique se produz uma **desordem** absoluta. Constatamos isso em indivíduos diagnosticados com esquizofrenia. Sem exceções. Também comprovamos muitos casos de abuso sexual materno em homens e mulheres sem qualquer diagnóstico, que atravessaram o processo da biografia humana e com quem é difícil organizar os relatos. O indivíduo leva uma vida normal, mas se contradiz em suas respostas, se confunde, tem um pensamento totalmente desorganizado, mente ou se retrata do que disse. É claro que também muitos indivíduos estão emocionalmente desorganizados em consequência da crueldade ou da violência recebidas quando crianças, sem que tenham sido abusadas sexualmente.

Sobre as desordens emocionais, sugiro ler meu livro *O que aconteceu na nossa infância e o que fizemos com isso*. É difícil generalizar, já que cada biografia humana é um universo em si mesmo. Só quero enfatizar que o abuso sexual materno é algo que a consciência não consegue suportar, porque entendemos que nossa mãe não pode cuidar de nós e nos atacar ao mesmo tempo. Por isso, a mente se desloca, se confunde, se desorganiza.

Em todos os casos, uma vez que os *beagadores* nomeiam o abuso, pela simples lógica do cenário, o consultante imediatamente o reconhece, lembra dele. Colocamos palavras precisas e, dessa forma, vai se montando um quebra-cabeças a uma velocidade impressionante. O mais incrível disso tudo é que, nomeando o abuso, o indivíduo deixa de se sentir desequilibrado ou estranho. É possível organizar os fatos e manter uma perspectiva, embora a dor seja incomensurável.

Para abordar a dimensão do abuso do adulto em relação à criança, é necessário compreender que a criança é dependente do cuidado dos maiores. **A criança procura amor. Mas encontra abuso.** Muito bem, se o adulto que cuida dela é —

emocionalmente — uma criança que por sua vez sofreu desamparo em qualquer uma de suas formas, não tem condições afetivas suficientes para amar outro, só pode **se alimentar do outro**, porque — justamente — está faminto.

O adulto (suponhamos que seja o pai) provém seguramente de uma infância assustadora — apesar de talvez não saber disso. É possível que se lembre de que seu próprio pai era bêbado, mas também **justificará a mãe**, que se sacrificou por ele e todos os etecéteras. É pertinente destacar que pode haver lembranças difíceis da infância do indivíduo, mas ao mesmo tempo pode **não ter registro** do nível de desamparo que viveu nem da dimensão da entrega da sua própria mãe. Esse homem se torna adulto, se torna pai, mas continua tão necessitado de amor como quando era uma criança indefesa. Então aparece em cena seu próprio filho, terno, encantador, amoroso e desprotegido. Por um lado, o pai sente atração, porque seu filho se parece muito com o menino que ele foi. Por outro, conserva um menosprezo absoluto por todos aqueles que são mais frágeis — já que aprendeu muito cedo que tudo que lembra a fraqueza é desprezível — e, portanto, se dá o direito de fazer com essa criança o que lhe apraz. Agir **a favor de sua necessidade de ser satisfeito** não o interpela. Simplesmente considera que é assim. Na sua emocionalidade infantil, o sistema vincular funcionava de modo semelhante: quando criança, foi desprezado pelos adultos; agora que é adulto, merece viver sua revanche.

Nesse sentido, um adulto que abusa de uma criança a quem ao mesmo tempo sente que o ama não percebe que algo está errado. Não há moral externa que possa fazer algo a esse respeito. O abusador apenas sente que tudo está em ordem. Ou seja, que o modo como viveu no passado — dentro de um sistema aterrorizante de dominação — agora é perpetuado por ele seguindo exatamente as mesmas leis. Não pode haver nada de errado nisso. Insisto que, para compreender a dimensão do abuso, necessitamos — em primeiro lugar — observá-lo do ponto de vista global, ou seja, da **lógica de um sistema** no qual todos convivemos, que confere legitimidade à dominação em qualquer uma das suas formas.

Em segundo lugar, precisamos compreender a lógica emocional do indivíduo que abusa, em vez de ignorá-lo e tratá-lo como inadaptado social, porque então seremos capazes de abordar com seriedade **a vivência da vítima**, que hoje temos à nossa frente — transformado em um adulto que quer compreender melhor a si mesmo.

Do ponto de vista do abusador **necessitado de carinho** e satisfações primárias, é importante saber que esse adulto se apaixona por uma criança real, sozinha e desprovida de cuidados maternos. Deseja a uma criança que **procura amor** e efetivamente **o encontra, mas dentro do abuso. O adulto não acredita estar causando dano.** Enquanto se nutre **do corpo da criança**, satisfaz por um instante o bebê necessitado que foi sugando por fim o leite morno de sua mãe. E não sente que há nenhum mal nisso. Não registra, nem escuta, nem reconhece qualquer queixa ou dor na criança. Como um bebê de colo que só está atento à **própria satisfação**. Ao mesmo tempo, enche a criança abusada de carinho, presentes, promessas e, sobretudo, oferece a ela o extraordinário presente de ser a criança escolhida e privilegiada dentro do desejo de alguém neste mundo. Diante da **carência amorosa da qual essa criança provém**, qualquer coisa que consiga, mesmo ilusória, é uma torrente de água cristalina em meio ao seu deserto emocional.

Por esse motivo, o horror do abuso sexual pode perdurar por anos. O adulto (na realidade a criancinha no corpo de uma pessoa grande) satisfaz suas necessidades primárias inconscientes. A criança — por sua vez — acredita que obtém amor, ou pelo menos é o único lugar no qual obtém algo que acredita parecer-se com o amor. O que nenhum dos dois sabe é que **estão enganados**: o adulto não conseguirá satisfazer suas necessidades passadas mesmo que destrua o corpo e a alma da criança escolhida. A criança não obterá amor, ainda que entregue sua integridade em meio ao desespero para obter cuidados.

A confirmação de que isso funciona assim é que os abusos sexuais contra as crianças acontecem *intramuros*, ou seja, no interior do lar; e são levados a cabo por pessoas que têm um vínculo afetivo com a criança em questão: normalmente são pais, padrastos, irmãos, primos ou tios. Lamentavelmente, muitas vezes os abusos que se perpetuam no tempo são executados pelos professores ou pelos sacerdotes amados, que ainda por cima carregam consigo o poder de nossos segredos mais íntimos e recônditos.

Vale esclarecer que não há grandes diferenças entre meninas e meninos abusados. Refiro-me ao fato de que não há maioria de abusos infantis de um sexo em detrimento de outro. A preferência por um sexo ou por outro não conta, como não conta para um bebê necessitado de leite materno e de abraços outra coisa além de preencher sua própria escassez. O que fica mais difícil de abordar dentro dessa dolorosa realidade é que o adulto não reconhece que fez algo de ruim à criança, porque essa criança é amada.

Além disso, os abusos acontecem dentro de famílias ou instituições nas quais sempre há muitos indivíduos necessitados. Se quem ficou enredada foi a criança, porque não correu rápido o suficiente, pois bem, é problema dela. Todos os demais fazemos ouvidos moucos, porque não estamos dispostos a desmontar o sistema completo, no qual estamos envolvidos.

Do ponto de vista da criança, ela não consegue compreender o que acontece: não há palavras que descrevam a dor, o pranto, o medo, a tortura e a confusão de algo que acontece, mas que ao mesmo tempo ninguém nomeia. Por outro lado, vem mesclado com o amor, a confiança e o segredo imposto pelo adulto abusador. A fé, a entrega, o respeito e a lealdade que as crianças têm em relação a seus respectivos abusadores só são compreensíveis se levarmos em conta que **dependem emocionalmente deles**, e que, se falhassem com eles, perderiam a presença incondicional do único ser que têm no mundo, que é esse adulto que sempre as leva em consideração.

Pouquíssimas crianças tentam contar a alguém o que se passa. Esse fato confirma que a maioria das crianças **não contam com ninguém confiável**, que estão desamparadas e sós. Nos casos em que alguém — às vezes externo ao lar materno ou paterno — denuncia o fato, os pais costumam se unir e zangar-se com o menino ou menina que procurou encrenca. Então a criança fica ainda mais sozinha, constatando mais uma vez que esse espaço de abuso seja possivelmente o melhor que pode conseguir, e, portanto, se acomoda como pode.

Isso que acontece com ela é impossível de traduzir. Então, a consciência nega, relega à sombra. Ou seja, **não restam lembranças conscientes do abuso**, porque esse fato **não é nomeado** por ninguém. Por isso, quando essa criança se torna adulta, não só não se lembra como também não conta com palavras concretas para descrever sensações que aparecem sempre sem forma e fora de contexto.

Há algo mais que é importante saber: o abuso sexual faz parte de uma dinâmica mais global. Sempre se encaixa em uma **dinâmica familiar** de abusos, dominação, desprezo, mentiras, segredos, vinganças e batalhas históricas. Portanto, é bom saber que, no panorama, nosso consultante não foi a única criança abusada na família. Normalmente, todo aquele que é fraco entra no sistema como dominado. Por isso, é frequente que, se uma criança foi abusada por seu padrasto, por exemplo, todos os irmãos tenham tido o mesmo destino. Esta costuma ser uma grande novidade para quem nos consulta, já que obviamente guardou isso como o maior de seus segredos, algo de que se lembra vagamente. O mesmo aconteceu com cada um de seus irmãos ou irmãs. Nenhum sabe nada sobre o outro. Por isso, no transcurso da organização da biografia humana, pode ser muito revelador compartilhar pela primeira vez com os irmãos o que aconteceu, comprovando que alguns desmoronam, outros tentam negar, outros enfim encontram alívio e cumplicidade.

Considero importante expressar que o *beagador* tem de conhecer de antemão como operam as lógicas habituais nos sistemas de abuso para explicar ao consultante algo que ainda não sabemos — mas que intuímos — e abrir, assim, o campo de observação, até encontrar as peças que faltam nesse quebra-cabeça familiar.

Há algo mais nessa dinâmica do abuso, que é uma expressão confiável da lógica da dominação: o **desejo do outro não tem espaço**. Isso também é algo aprendido desde a primeira infância, tão normal que simplesmente se age com descaramento total.

Depois do sofrimento de não termos sido levados em conta por ninguém durante longos anos, finalmente chegamos à fase adulta. Então estamos em condições de proclamar que **só o nosso desejo** será colocado em jogo, perpetuando dessa maneira um sistema no qual nosso desejo prevalece sobre o do outro. Podemos impor nossos desejos sobre as crianças simplesmente porque as crianças dependem de nós. Quando elas crescerem, terão sua oportunidade de dominar alguém mais fraco.

As dinâmicas de abuso sexual, em geral, se perpetuam ao longo de toda a infância. Pessoalmente, considero que **a pouca atenção** que os pais dão ao assunto pode ser ainda mais devastadora do que o abuso em si. Por mais que pareça muito duro o que quero explicar, o abuso necessita indefectivelmente do **aval** da mãe. Sim, nós, mães abusadas, humilhadas, submissas e desamparadas durante toda a nossa infância, crescemos e agora necessitamos salvar a nós mesmas, entregando — sem ter consciência disso — nossos filhos/as. **Não há abuso possível de um filho ou filha sem o consentimento da mãe.** Lamentavelmente, só conseguimos constatar esses cenários completos quando crescemos e abordamos com maior compreensão e fortaleza a realidade que nos coube viver.

ISABELA, NA BUSCA DO SEU FEMININO INTERIOR

Isabela tem 44 anos e nos consulta porque atravessou muitos tratamentos de fertilidade assistida, sem resultados positivos. Isso gerou uma grave crise conjugal. Alega que gostaria de poder conversar melhor com o marido para que ele a acompanhe com mais disposição aos inúmeros exames, análises e intervenções.

É uma mulher muito atraente, de olhos verdes, muito bem-vestida. Parece uma boneca, em parte porque é linda demais e em parte por sua dureza corporal e seu olhar gélido. Explicamos a ela de que se trata o trabalho de organização da biografia humana, e ela concorda com muito boa predisposição.

Isabela vem de uma estrutura familiar muito humilde do interior da Argentina. Tem avós policiais, violentos, machistas, uma família muito numerosa, com alcoólatras e histórias típicas de pobreza e desenraizamento emocional. O pai de Isabela não foi à escola, trabalhou desde os 6 anos. Casou-se com a mãe de Isabela — também de um extrato muito humilde — e tiveram oito filhos. Isabela é a quinta (até esse momento, todas mulheres; depois de Isabela nascem três homens).

Investigamos a figura da mãe. Isabela conta que "sempre estava atenta para que comêssemos e estivéssemos limpos". O pai era pedreiro, de nível econômico e cultural muito baixo. Viviam em um bairro de operários. Fica claro para nós que o valor desses pais estava em poder comer e estar limpos — o que já era um avanço muito importante em relação à própria infância —, portanto nomeamos que não havia espaço para imaginar algo mais, por exemplo, cobrir as crianças de carinho ou estar atentos aos estados emocionais.

O pai era temido. Quando voltava para casa depois de sua jornada de trabalho, voavam tapas em todos, sem discriminação. Se algum dos filhos desobedecia ou fazia algo errado, todos os irmãos apanhavam. Sua mãe fazia algo a respeito? "Não, não podia." Pedimos a ela que conte algumas cenas e, de fato, são todas de arrepiar. Isabela descreve com riqueza de detalhes como o pai afiava suas ferramentas para açoitá-los, como se esmerava com a ponta dos ferros e como deixava marcas na pele deles. Narra sem sinais de comoção nem de angústia. A *beagadora* a faz notar que a pele em que essas pontas cravavam era dela. "Sim, todos levávamos do mesmo jeito." Mostramos que ela se defende atrás do escudo de um "todos" indiferenciado e estamos tentando individualizar essa menina espancada. Não entende. A *beagadora* se mostra visivelmente emocionada, mas ela também não entende. Dizemos que aparentemente fez crescer uma pele de crocodilo. Continua sem entender o que queremos transmitir.

Prosseguimos indagando sobre as rotinas cotidianas durante sua infância: não foram ao jardim de infância. Não se relacionavam com vizinhos nem com outros familiares. O pai os mantinha fechados em casa. Não havia férias nem saídas de qualquer tipo. Doenças? Não se lembra. Já temos um primeiro panorama desolador. Indagamos sobre as relações com todos os seus irmãos. Lembra-se de brincar sempre sozinha com suas bonecas. Bonecas? Não eram muito pobres? Sim, mas havia um tio por parte de mãe que sempre levava bonecas para ela. Só para você? "Sim."

Muito bem. Se somos *beagadores* treinados, **já sabemos que o abuso sexual** esteve presente. Em primeiro lugar, pelo nível de violência ativa, somada ao desamparo reinante. Em segundo lugar porque, a partir dessa dimensão do horror, Isabela vai buscar refúgio em um homem, que provém do mesmo circuito de toda a sua família e obviamente vai se nutrir dessa menina. Portanto, vamos estabelecer algumas obviedades. Por exemplo: Esse tio alguma vez tocou você, fez algo estranho, você mantinha algum segredo com ele, trocaram favores? O rosto de Isabela se transforma, mas não cai uma só lágrima. Fica perturbada, mas tenta não ser notada. "Nunca contei isso a ninguém." Imediatamente depois dessa **habilitação** da *beagadora*, relata uma série de atrocidades. Abusos não só por parte desse tio materno que lhe trazia bonecas, mas também por parte do avô paterno. Ouvimos o que ela diz e também abrimos a possibilidade de que haja uma lista mais extensa de homens na família que se deram o direito de dispor livremente do corpo de Isabela, e seguramente de suas irmãs e irmãos também.

Para surpresa da *beagadora*, Isabela não parecia estar comovida. Estava acostumada a viver com sua **pele de crocodilo**. De qualquer forma, explicamos a ela — em termos gerais — a dinâmica do abuso e a necessária entrega da mãe, a quem teria correspondido a função de proteger e amparar os filhos. Embora a realidade emocional da mãe de Isabela tenha sido ainda mais devastadora, neste âmbito, estávamos tentando vislumbrar a criança que Isabela foi.

Também descrevemos brevemente como funciona a dinâmica do esquecimento da consciência, o que explica que dificilmente possamos abordar a dimensão dos abusos sofridos. Portanto, teremos de supor — sem ter acesso a detalhes — que ela foi uma **menina espancada, humilhada, abusada** sexualmente, e que esse havia sido o preço que teve de pagar para obter migalhas de amor. Isabela parece compreender mentalmente, mas se mantém emocionalmente distante. De repente irrompe seu marido na entrevista, e o deixamos entrar. É mais jovem, tem 35 anos, cabelos compridos, vem de moto, trajando roupas de couro. À primeira vista, parece não ter nada que ver com Isabela. Perguntamos a eles se querem continuar a entrevista juntos. Ambos aceitam. Ramiro supõe que esta é mais uma consulta sobre a infertilidade do casal. Explicamos brevemente do que estamos falando e aproveitamos para repassar o que tínhamos abordado com relação à infância de Isabela: desamparo, violência, abusos sexuais, esquecimento da consciência e pele de crocodilo para sobreviver. Ramiro parece não se abalar, coisa que chama a atenção da profissional. De qualquer forma, decidimos continuar.

Aos 13 anos, Isabela deixa a escola, já que aparentemente o pai disse que não ia mais mantê-la. Escolhe trabalhar porque queria ter seu dinheiro. "Comecei a trabalhar e a dispor de minhas economias, enquanto minhas irmãs mais velhas ficaram tendo filhos e não fizeram nada." Compara-se com as irmãs, considera que elas desperdiçaram a vida e são "um desastre". Ela se concentrou no trabalho, sentindo-se orgulhosa de todas as suas conquistas materiais.

Desde jovem, trabalhou em produtoras de televisão, até chegar a postos de relativa importância. Respondemos a ela que ainda não sabemos se responde ao discurso materno, mas, em sua vivência interior, ter filhos é "ser um desastre". Depois retomaremos esse conceito, quando for a hora de abordar sua aparente infertilidade.

Tentamos seguir uma linha cronológica. Soubemos que, antes de chegar à primeira produtora de televisão, Isabela passou por trabalhos menos glamorosos, nos quais sofreu abusos sexuais por parte de diferentes patrões. Mas isso fazia parte de sua realidade, ou seja, era "o normal". Várias de suas irmãs ficaram grávidas dos namorados entre os 16 e os 18 anos. O pai adverte Isabela que, se ficasse grávida, ia fazer "voar seus miolos". Explicamos a ela que, embora seu pai de fato tenha proferido essa frase e muitas mais, Isabela decidiu muito cedo não se tornar "um desastre que tem filhos" e dedicar-se a trabalhar, ser autônoma e independente.

Aos 18 anos, começa a trabalhar na primeira produtora de televisão. Perguntamos a ela por seus relacionamentos amorosos, e responde segura de si mesma que não lhe interessavam e que tinha muito medo de ter um namorado e ficar grávida. Claro, respondemos, as que ficam grávidas são as "idiotas" das suas irmãs. Voltamos a fazer um resumo do que foi visto, deixando claro que Isabela se refugia em seu trabalho e em sua incipiente independência econômica. Ramiro parecia aliviado por ter terminado esse trâmite, e propomos que conversem se de fato consideram importante que Ramiro volte a esse espaço, pois, se não há um desejo e um interesse genuíno dele, não há necessidade.

No encontro seguinte — ao qual ela aparece só —, retomamos brevemente sua identidade colocada no **progresso econômico** e na polarização em relação às irmãs, que engravidam, têm filhos e desperdiçam a vida. Isabela concorda e diz, com muito orgulho, que conseguiu comprar a casa em que os pais atualmente moram, em um bairro melhor e sobretudo "seguro", dando a entender que o bairro da infância era "inseguro". Apesar de isso sem dúvida ser verdade, dizemos a ela que o mais perigoso estava dentro da própria casa, não na vizinhança, mas por ora Isabela não entende. Deve ser sua pele de crocodilo que não a permite sentir esse drama.

Isabela insiste que as irmãs têm vidas horríveis, algumas delas continuam passando necessidades econômicas, apanham dos maridos e, por sua vez, maltratam os filhos. À medida que Isabela ascendeu economicamente, foi dando dinheiro para cada um dos irmãos e irmãs. Vários deles moram na casa dos pais, alguns a poucos metros dali. Definitivamente, há muitos sobrinhos dando voltas no mesmo espaço, a violência ativa é moeda corrente e todos gritam, se insultam, se batem e se ameaçam.

Regressando à nossa cronologia: começa a se relacionar com um rapaz com quem convive dos 22 aos 42 anos. Ou seja, por 20 anos. Até ontem praticamente, já que Isabela, hoje, tem 44. Sérgio era um amigo histórico do bairro, conhecido de toda a família. Também foi um menino vítima de violência ativa em seu lar. Perguntamos se Sérgio sofreu abusos sexuais e Isabela não sabe. Sérgio é um trabalhador rústico, eficiente e confiável. É pedreiro, trabalha para a mesma construtora há muitos anos, sendo praticamente o braço direito do dono da empresa. Fazendo muitas perguntas — já que a respeito desse relacionamento tão importante as respostas de Isabela se limitam a "sim" ou "não" —, conseguimos identificar que Isabela e Sérgio se unem **no sacrifício**, na valorização do trabalho e em um profundo desejo de prosperidade econômica, somado ao projeto de ter uma casa própria. Ambos trabalham muitas horas por dia com o objetivo de juntar dinheiro para comprar primeiro um terreno e então construir uma casa.

Com Sérgio ela tem suas primeiras relações sexuais consentidas. Não consegue contar grande coisa sobre essas experiências. Nós dizemos a ela que possivelmente se sentiam mais como irmãos do que como casal, unidos por um projeto comum. Não aparece um desejo sexual genuíno, mas um apoio mútuo para chegar a um objetivo compartilhado.

Quando Isabela tinha 28 anos, eles já tinham conseguido juntar dinheiro suficiente para comprar o terreno com que sonhavam. Um ano depois, já conseguem construir parte da casa, e começam a habitá-la. Ambos continuam trabalhando muito. Tentamos perguntar que outros aspectos uniam ou impulsionavam esse casal, mas nada aparece. O desejo de um filho também não. Só o firme desejo de ascensão econômica os manteve unidos.

A questão é que, apesar de muitas perguntas, as mais variadas sobre esses 20 anos de casamento, não aparece nada que valha a pena destacar. Isso nos chama a atenção, pois Isabela é uma mulher forte, decidida, dinâmica, corajosa, ainda que pareça desenvolver todas essas qualidades em seu ambiente de trabalho. Dizemos a ela que Sérgio deve ter sido uma grande companhia para conquistar suas metas. Concorda.

Ela o descreve como um homem de gelo, que nunca lhe perguntava como estava. Perguntamos a Isabela se ela perguntava a Sérgio como ele estava. Não. Então temos duas pessoas de gelo convivendo. Ri nervosamente e aceita a ideia. Insistindo mais, aparecem conflitos com Sérgio nos últimos anos de casamento. Isabela reclamava que trabalhava mais, colocava mais dinheiro, não descansava nunca etc. Finalmente, conseguimos encontrar o fio por onde foi se cortando o acordo básico: o trabalho na produtora de televisão abre não só possibilidades econômicas, mas também muita circulação social de maior nível cultural para Isabela. Sérgio não a acompanhava nesse circuito. Era um homem mais tímido, de poucas palavras, rude e seco. Isabela começa a gerar amizades por fora do casal. Por que o casamento termina? Porque conhece Ramiro, que trabalha em publicidade. Com Ramiro começa outra etapa.

Em primeiro lugar, a atração sexual a desconcerta. Com 42 anos, tem a sensação de querer se inundar de vitalidade. Decide abandonar Sérgio. Qual foi a reação dele? Nenhuma. "Me disse que fizesse o que achasse melhor para mim." Confirmamos que funcionavam como irmãos e havia muito tempo tinham realizado o propósito que os mantinha unidos. Simplesmente Isabela saiu de casa. Alguns assuntos econômicos ficaram pendentes, já que ambos eram proprietários da casa em comum.

Ramiro — pelo contrário — vem de uma família de classe média. Mais refinado. Sentem muita atração um pelo outro. Em poucos meses vão morar juntos, alugam um pequeno apartamento. Ramiro é mais instável profissionalmente, mas não se importa. Tem pais que o respaldam quando precisa. A novidade é que, mal começaram o relacionamento, Isabela ficou obcecada pelo desejo de ter um filho. Como já estava no limite devido à sua idade, começaram a tentar quase de imediato. Depois de poucos meses, como não engravidou, começaram as consultas médicas, e logo lhes propuseram diversas técnicas de fertilização assistida. Temos a sensação de que tudo se precipita, então decidimos deixar a abordagem sobre sua atualidade para o próximo encontro.

No terceiro encontro, Isabela se apresenta ansiosa e verborrágica, pretende falar só sobre seu problema de infertilidade, mas nós tratamos de colocar cada coisa em seu lugar. Não temos claro ainda qual é o papel de Ramiro, mais jovem e aparentemente mais ingênuo, nisso tudo. Perguntando alguns detalhes sobre sua história, ficamos sabendo que, quando Ramiro e Isabela se conheceram, ele tinha acabado de terminar uma relação amorosa com uma mulher com quem perdeu um bebê recém-nascido.

Compreendemos então que ele também está ansioso para reparar essa perda, com Isabela. Ramiro traz certo "glamour" para Isabela, jantares em restaurantes, passeios de moto, feriados na praia e um ambiente de amigos de classes mais altas.

Compartilham um ótimo sexo e estão concentrados em engravidar. Ambos estão dispostos a embarcar nos tratamentos de fertilização assistida que Ramiro banca financeiramente. Depois de um ano e várias tentativas de tratamento sem resultados positivos, o casal se desestrutura. A disponibilidade de dinheiro diminui, assim como o entusiasmo. Aparecem as brigas — consideremos que a briga é a moeda de troca aprendida por Isabela durante a infância, portanto é sua reação automática diante de qualquer dificuldade — vislumbrando que os acordos do casal eram débeis: bom sexo e desejos de ter um filho. O filho não chega e o sexo esfria.

Mostramos a ela esse panorama, que não é muito alentador para encarar as fertilizações assistidas, já que habitualmente são difíceis de atravessar e exigem maturidade, companhia, compreensão e paciência mútua. Isabela reconhece e "diz" estar triste, mas não manifesta seu pesar; ao contrário, mantém sua aparência de cristal. Parece oportuno voltar a fazer uma pequena revisão do que vimos a respeito de sua biografia humana: desamparo atroz e abusos durante a infância, refúgio no trabalho, superficialidade nos vínculos e metas objetivas que não passam pela peneira de sua natureza emocional. A obsessão por engravidar **parece desconectada do resto de sua realidade interna**.

Concorda, afirmando que é "assim mesmo" que ela se sente: se não trabalha, "morre". Mesmo assim, se reconhece em sua pele de crocodilo, já que em qualquer circunstância reage subestimando o que acontece.

Continuamos olhando juntas o panorama existente até agora: com Ramiro, tem a fantasia de salvar-se para sempre, fazendo parte de um nível social e econômico mais alto. Com um hipotético filho em comum, o conto de fadas estaria completo. Pela primeira vez, o rosto de Isabela se transforma. "Isso, é assim mesmo", consegue responder. "Não quero mais sofrer, quero ser a princesa de um homem que cuide de mim. Ramiro é muito mais jovem que eu, se eu não tiver um filho, vou perdê-lo." Os olhos umedecem, mas ela enxuga rapidamente qualquer indício de fragilidade.

A partir desse ponto, Isabela conta com detalhes os sofrimentos a que se submeteu devido às muitas fertilizações assistidas que já havia realizado. Todos sabemos como esses procedimentos podem ser cruéis para o corpo, já que é preciso suportar grandes desequilíbrios hormonais. Para enfrentá-los exige-se uma convicção clara e certa maturidade emocional que compense os desajustes físicos permanentes. Assim, nos encontros seguintes nos dedicamos a abordar em profundidade o complexo assunto das fertilizações, que foram deixando evidente que os acordos de casal com Ramiro eram nulos, que já sequer mantinham relações sexuais, que a raiva de um pelo outro era permanente, sendo a briga o último bastião de aproximação que os unia. Um cenário complicado.

Mais uma vez, voltamos a olhar o "horizonte completo": sua história repleta de sofrimentos e sua maneira de se defender. De repente quer um filho porque sim, Ramiro também quer um filho para compensar a perda de outro. De fato, unem--se com esse objetivo. O objetivo falha. A pergunta é: até onde querem ir, se é que querem ir a algum lugar? Por que, em vez de ficarem obcecados com mais e mais tratamentos caros de todo tipo, não param essa corrida e pensam no que é que cada um quer fazer da vida? Por que não observam de onde vieram e para onde vão?

Pelo menos propomos que seria razoável parar, pensar, eventualmente conversar com Ramiro, e voltar a nos enfocar em algo com mais clareza. Isabela concorda. Dessa forma continuamos entrando nesse tema complexo até descobrir que Ramiro não estava mais dando dinheiro para as fertilizações, e que as duas últimas foram sustentadas por Isabela sozinha, de todos os pontos de vista.

Mostramos essa realidade a Isabela (com frequência, uma situação que pode ser evidente para um profissional que atende pode ficar "velada" para o indivíduo que desempenha a cena). Dizemos a ela que tem o direito de se submeter a todas as fertilizações que quiser, ter dez filhos, adotar crianças, enfim, é livre para fazer o que tiver vontade. Nossa tarefa é mostrar o que há, em um cenário o mais completo possível, para que o indivíduo seja capaz de tomar decisões mais conscientes ou, pelo menos, não tão cegas.

É importante esclarecer que nossa tarefa não é emitir juízos sobre absolutamente nada, nem ter posições tomadas sobre qualquer aspecto da vida humana. Nesse caso, que Isabela continue recebendo fertilizações, com ou sem o aval de seu parceiro, é assunto dela. Nós nos dedicamos seriamente a mostrar dinâmicas vinculares globais, para que cada indivíduo possa olhar a si mesmo funcionando dentro desse cenário. Isso é tudo, nem mais nem menos.

À medida que mostramos com mais clareza o que acontece, Isabela se enfurece e repete que quer ter um filho com Ramiro. Respondemos que ela insiste em se acreditar a Cinderela segundo sua fantasia, mas que há algum tempo a carruagem virou abóbora. Isabela desmorona. "É verdade." E então um longo silêncio. "Então o que tenho de fazer?", pergunta com desespero. Nós não decidimos, mas podemos olhar juntas para o cenário. É a primeira vez que vemos Isabela fora de órbita, com os olhos chorosos e a ponto de explodir de raiva. Deixamos que ela se vá assegurando de que estamos ali para acompanhá-la no que decidir, mas zelando **pela verdade**, que nunca é mais dolorosa do que o que tentamos esconder.

Passaram-se dois meses até que Isabela voltasse para a consulta. Adiantou-nos que estava mais tranquila com Ramiro e haviam suspendido todos os procedimentos para uma nova fertilização. Os níveis hormonais estavam desequilibrados, então o médico lhes recomendou esperar seis meses. Isso desanuviou um pouco o clima e ambos se sentiram aliviados. Conta que está preocupada com a mãe, a quem teve que internar devido a um pico de pressão. Além disso, cabe a Isabela comprar a comida, levar para a mãe e adquirir os medicamentos, já que nessa família a única que tem condições econômicas favoráveis é ela.

A novidade é que ela foi se lembrando a cada instante de seu cenário familiar, tentando observar seu pai, sua mãe, seus irmãos, cunhados e sobrinhos e não gostou do que viu. A mesma dinâmica de sua infância, o mesmo descrédito entre eles, e ela própria como único sustento econômico desse circuito. Ligou para Ramiro pedindo sua ajuda, mas ele não foi. Voltou para casa depois de ter passado um dia agoniada pelos problemas de saúde de sua mãe, mas ao chegar viu Ramiro ensimesmado diante do computador, e ele sequer perguntou como ela estava.

Isabela pretende se queixar de Ramiro, mas não deixamos: simplesmente mostramos a lógica global, o tipo de casamento e os acordos tácitos. Até agora, nunca vislumbramos que houvesse acordos de proteção, cuidado ou comunicação no casal, portanto não há espaço para queixas. Ela insiste. Explicamos com paciência que não faz sentido e que, se voltou para as consultas, só nos importa constatar se conseguiu compreender ou observar algo diferente, do contrário, podemos deixar passar um tempo até nos encontrarmos novamente.

Ela então conta que tentou conversar com Ramiro. Com meias palavras, confessou a ele que em alguma medida sentia uma rejeição em relação a ele, ou ao menos havia atração, mas ao mesmo tempo rejeição. Respondemos que é compreensível, sobretudo se levarmos em conta sua couraça de gelo para não sentir. "Sim", continua Isabela, "nunca pensei que 'isso' ia me afetar assim. Por isso quis esquecer".

— A que você se refere quando diz "isso"?
— Ao que me aconteceu.
— Os abusos sexuais?
— Sim.
— Você não consegue dizer?
— Não.
— Então eu vou nomear para você. Abuso sexual. Esse é o nome.

Isabela suspirou. Em algum momento falou de passagem sobre isso com Ramiro, mas acreditou que ele não é capaz nem de imaginar a dimensão do que aconteceu com ela durante a infância. Então, pediu para fazer uma pausa e voltar um mês depois.

Efetivamente, pouco tempo depois recebemos Isabela. Entra no cômodo ansiosa, avisando que tem muito para acomodar em sua cabeça, mas tem a certeza interior de que algo está começando a entrar em ordem, sentindo que isso é bom: decidiu se reunir com as quatro irmãs. Contou a elas que tinha começado um processo de questionamento pessoal, e que havia uma coisa que não podia continuar escondendo. Em seguida contou sobre os abusos sexuais sofridos durante sua infância. Conseguiu falar assim, nomeando palavra por palavra. Pouco a pouco, cada uma das irmãs começou a falar. Obviamente, todas elas passaram pelas mesmas experiências, algumas inclusive mais atrozes, especialmente a mais velha. Nenhuma delas nunca tinha compartilhado isso com ninguém. Ouviram-se atentamente, enquanto cada uma ia acrescentando detalhes sobre suas próprias experiências. O avô paterno foi protagonista em todos os casos. O pai, em alguns. O tio paterno se aproveitou especialmente da mais velha, trazendo inclusive outro homem, vizinho da família,

O PODER DO DISCURSO MATERNO 187

durante anos intermináveis. Essa irmã mais velha foi quem contou com mais crueza seus sofrimentos. Isabela chorava enquanto contava. Pela primeira vez, chorava. Não só seus olhos choravam, mas também sua alma. Aparentemente conversaram durante horas, as cinco irmãs abraçadas. O marido de uma delas chegou à casa, ouviu o choro de todas essas mulheres e foi abraçar sua mulher, sem saber ainda o que estava acontecendo. Alguns sobrinhos, também sem saber o que ocorria, levavam água fresca e doces. A irmã logo acima de Isabela contou também que pediu ajuda à mãe durante anos, mas mamãe invariavelmente a tratou como mentirosa. Era a confirmação da **entrega**, necessária em toda situação de abuso. Isabela continuava chorando e a *beagadora* acompanhava amorosamente esse choro verdadeiro, conectado e saudável.

Depois de mais de uma hora drenando o relato e o pranto, a *beagadora* menciona que se sente incrivelmente orgulhosa de Isabela. Tinha ativado um movimento que desbloqueava energias antigas e paralisantes em toda a sua família. Estava abrindo a porta da sombra familiar e todos se beneficiariam disso.

Efetivamente, entre elas surgiam mais lembranças. Por exemplo, a irmã que tentava pedir ajuda desesperadamente à mãe foi mandada a uma escola diferente porque as professoras disseram à mãe que não se concentrava e não ia conseguir aprender. Isabela pôde associar os fatos e expressar carinhosamente a essa irmã que agora se dava conta de que esses supostos problemas de aprendizagem eram produto do desastre psíquico que essas meninas viviam. A *beagadora* não podia supor que Isabela tivesse feito um movimento dessa magnitude tão rapidamente, comprometendo-se para então permitir que suas quatro irmãs se implicassem sem negar, nem se esconder, nem brigar, nem ameaçar, nem chamar ninguém de louca. Coisa que poderia ter acontecido.

Aproveitamos esse acontecimento tão revelador e corajoso para explicar algo mais sobre os mecanismos familiares violentos, os motivos pelos quais às vezes colocamos em xeque a lucidez ou a capacidade cognitiva de quem denuncia os maus-tratos, e o propósito de dividir para governar. Isabela delimitava com histórias que confirmavam a entrega da mãe e o sistema de abuso generalizado. Isabela também foi expressando que já era tempo de soltar sua mãe, deixar de cuidar dela em todos os aspectos, amá-la sem ter de encarregar-se dela. Assim talvez pudesse chegar a percorrer um caminho saudável para algum dia tornar-se ela mesma mãe. Sugerimos que tentasse voltar a se encontrar com as irmãs periodicamente, que havia muito a compartilhar, curar e superar.

Durante os encontros seguintes, aprofundamos a possibilidade de promover reuniões com os irmãos homens para continuar encaixando peças no quebra-cabeças. Estava entre seus planos, mas ela queria se dar um pouco mais de tempo e reflexão. Tudo isso lhe consumia muita energia e terminava seus dias literalmente esgotada. Isabela voltou com a decisão de se despedir da *beagadora* sabendo que tinha muito trabalho pela frente, e queria fazê-lo em seu ritmo. Sem dúvida, a estimulamos a usar esse espaço quando e como quisesse. Antes de fazer um resumo sobre tudo que tinha sido compreendido, contou que se reuniu com um irmão, o que vem depois dela em ordem de idade, que é policial. Contou a ele com detalhes não só os abusos sofridos como também o que sabia das experiências de suas irmãs. Parece que o irmão ficou com o rosto desfigurado e, chorando, expressou: "Eu sou policial e passo a vida defendendo outras pessoas, mas não fui capaz de defender vocês!"

Imediatamente depois o irmão foi chamado à delegacia. Ele então foi cumprir sua tarefa e, quando chegou ao local do fato, viu que se tratava de uma menina que tinha sido violentada.

O irmão não conseguiu reagir; desmaiou e, quando se recuperou, começou a vomitar. Seus colegas não entendiam o que estava acontecendo. Isabela não conseguiu retomar essa conversa com o irmão, mas as portas ficaram abertas.

A *beagadora* abraçou suavemente Isabela, explicando a ela que esse irmão também tinha sido selvagemente violentado quando criança, tendo as palavras de Isabela lhe trazido à consciência muitas lembranças relegadas à sombra. Foi isso que tornou intolerável para o irmão atender a menina estuprada. No entanto, tudo isso era bom, era saudável, era verdadeiro. Efetivamente agora ela estava focada em sua vida, para confrontar sua realidade, e então fazer o que tivesse vontade.

Isabela havia se convertido, no seio de sua família, em uma "descortinadora de véus", o que beneficiava tanto a ela quanto àqueles que quisessem se conhecer melhor.

Assim chegou a hora da despedida, com lágrimas, abraços e emoção. Essas lágrimas eram o resultado da intensidade e do compromisso com esse processo, relembrando ternamente a mulher de gelo que havia aparecido pela primeira vez.

8. As palavras que curam

O QUE O DISCURSO MATERNO NÃO DIZ

Lamentavelmente, tudo **aquilo que não foi dito** quando fomos crianças **não é registrado pela consciência**. Sem dúvida, conseguimos viver sem lembrar nem saber praticamente nada sobre nós mesmos, nossa infância ou nossos talentos. Na verdade, quase todos vivemos assim e o mundo não para. O maior obstáculo quando pretendemos organizar uma **biografia humana** é o conjunto de **crenças** que defendemos a torto e a direito, e que se baseiam em nada ou, pelo menos, poucas vezes se fundamentam na **realidade real**.

Supõe-se que este sistema terapêutico se estabelece por meio de conversas. No começo, o *beagador* investiga buscando pistas confiáveis, e o consultante responde. No entanto, nós, *beagadores* — que funcionamos como detetives emocionais — teremos que avaliar se essas respostas servem para nossa exploração da verdade, ou não. Quando o consultante responde algo inverossímil — o que é muito frequente —, cabe a nós pôr em prática a lógica, a intuição e o conhecimento de milhares e milhares de biografias humanas já realizadas, que nos permitem suspeitar de que cor está tingido esse cenário de infância em particular.

Já dissemos que nossas crenças, inclusive nossas lembranças, estão organizadas com base no que **nossa mãe disse**, portanto, são coloridas do ponto de vista da mãe. No entanto, nós, *beagadores*, temos que resgatar o ponto de vista da criança que nosso consultante foi. Por isso, não vamos nos apegar ao que o indivíduo nos conta, mas teremos de seguir uma lógica orientada pelo que nossos ouvidos e, principalmente, nosso faro detectam, para poder montar esse quebra-cabeças.

Também precisamos saber que haverá uma quantidade importante de acontecimentos que **não foram nomeados pela mãe** — ou por quem tiver detido o discurso oficial dessa família —, especialmente nos casos em que o consultante diz não se lembrar de nada. Portanto, vai haver muito material relegado à sombra. Essa é uma primeira prateleira que colocaremos na investigação.

É claro, nós, *beagadores*, vamos nos valer de nossa criatividade, com base na intuição e na lógica. **Inventaremos palavras** para nomear acontecimentos ou vivências internas que teremos que imaginar, mas que vamos tateando como se estivéssemos em um quarto escuro: com delicadeza e lentidão, até tocar algum lugar que nos ofereça uma nova pista. O mais importante é compreender que aquilo que o consultante diz **não nos interessa**. Soa antipático, não é? Acontece que habitualmente isso que todos dizemos está impregnado de discursos iludidos alheios, portanto, desviam nossa busca.

É provável que a mãe de nosso consultante tenha dito muitas coisas. Mas para nós importa — em particular — aquilo que **não disse**. É claro que, se não disse, será difícil saber. Pois bem, esse é nosso desafio.

Lamentavelmente, não tenho uma lista de perguntas pertinentes a oferecer — algo que os aprendizes da minha escola pedem há anos. Essa busca certeira é lograda com treinamento. Por ora lhes direi que necessitamos intuição e lógica. O mais importante é constatar que o indivíduo não consegue nomear hoje aquilo que **nunca foi nomeado** quando foi criança. Essas palavras que nós — em nosso papel de *beagadores* — diremos terão um significado transcendental.

AS BIOGRAFIAS HUMANAS REALIZADAS PELA INTERNET

Desde meados do ano 2000 — apesar de antes ter me negado sistematicamente a testar como se desempenharia a aproximação íntima de um *beagador* e um consultante em um formato virtual — as consultas acontecem e funcionam, com indivíduos residentes em qualquer lugar do mundo, bem como com as respectivas *beagadoras*.

A virtualidade tem suas desvantagens, mas também consegue nos aproximar com níveis de intimidade tão profundos quanto os que estivermos dispostos a assumir. Assim que começamos os encontros de biografia humana, esquecemos que estamos separados por 10 mil quilômetros geográficos, ou a distância que for. A comunhão e o entendimento dependem de cada um de nós. De fato, a intimidade não está garantida se nos tocamos ou abraçamos, mas depende da nossa capacidade de abrir o coração para a troca honesta e voluptuosa.

Hoje atendemos pessoas que vivem em todos os cantos do mundo, falantes de espanhol, português e inglês. Para nossa equipe, significa também um aprendizado interminável sobre outras culturas, pensamentos e modos de vida. Não sei quais outras fronteiras atravessaremos em um futuro próximo. Talvez, quando este livro estiver em suas mãos, já teremos implantado muitos outros meios de questionamento que nos facilitem ainda mais a aproximação entre uns e outros.

JOAN E SUA FALTA DE PALAVRAS

Joan é catalão. Seu processo de biografia humana foi feito via internet. Tem 34 anos, uma namorada, e não têm filhos. Ouviu-me em uma conferência que proferi em Barcelona. Está interessado em saber mais sobre si mesmo. Sua maior preocupação é que se sente inseguro, é tranquilo e, se não o empurram, não faz as coisas. Explicamos brevemente como encaramos essa indagação e damos início.

Seus pais são originários de Castela, mas emigraram para a Catalunha. Primeiro nasce Joan e depois de três anos nascem gêmeos: Manel e Antonio. Não se lembra de nada de sua infância. Nada de nada. Portanto, a *beagadora* se dedicou a formular perguntas cada vez mais específicas e concretas, mas mesmo assim conseguiram pouquíssimas cenas de infância. Da mãe não se lembra de nada. Exceto que sempre trabalhou. Não se lembra de que a mãe estivesse em casa quando ele se levantava. Papai preparava o café da manhã e os levava para a escola. Buscando pistas, a *beagadora* notou que Joan respondia tudo no plural, e chamou sua atenção para isso. Isso causou um impacto e ele disse que os três irmãos realmente sempre estavam juntos. Ninguém os percebia como indivíduos separados.

As crianças funcionavam como um bloco. Essa informação mínima o deixou tão impactado que não conseguiu dizer mais nada por um longo tempo. Parece que os três meninos eram muito responsáveis, por isso ninguém tinha de se encarregar de ajudá-los com a tarefa da escola, por exemplo. Mamãe, por sua vez, era muito desorganizada. Apesar de a *beagadora* propor cenas ou circunstâncias, as respostas de Joan se limitavam a "pode ser", "talvez" ou "não sei". Fazemos que ele note que tanta falta de lembranças chama a atenção e que possivelmente não tenha havido palavras para nomear nada durante sua infância.

Aparentemente não passaram dificuldades econômicas. Até administravam uma herança familiar. Parece que mamãe tinha personalidade forte. Papai cozinhava. Mas não conseguimos saber muito mais do que isso. Nem a mãe nem o pai tinham vida social. A mãe era fria, não havia espaço para sentimentos.

Perguntamos por conflitos entre os pais, mas não se lembra, só diz que ele era bom, calado e não discutia. Na verdade, durante os encontros se nota sua dificuldade para se expressar, balbucia em voz baixa e quase não se escuta o que ele diz.

Ao constatar que não contamos com informação suficiente, a *beagadora* desenha um pequeno diagrama com três crianças indiferenciadas; quanto à mãe e ao pai, não sabemos ainda. Não há palavras.

Joan diz então que se lembra de estar à vontade em casa. No entanto, mostramos a ele que sua opção era ficar quieto, sem causar problemas. Mostramos que deve ter reprimido seus desejos com o propósito de responder aos pais, e que essas limitações que se autoimpôs provavelmente o tenham deixado fraco, sem iniciativa e necessitado de que o empurrem, assim como descreveu no início da consulta. Fica muitíssimo assustado, como se fosse a primeira vez que relaciona os fatos. Explicamos a ele que teremos que averiguar quem é ele de verdade, e abordar o que o deixou tão desvitalizado. Provavelmente não só a ele, mas também a seus dois irmãos.

Continuamos averiguando a respeito do vínculo entre os pais. Não só não havia brigas como também não havia absolutamente nada. Nomeamos a escassez em todos os níveis. Mostramos a ele que é complicado conseguir que Joan diga alguma palavra. Foi um adolescente tranquilo. Não teve namoradas e esse foi um problema para ele. Não se sentia capaz de enfrentar uma garota. Com certeza, em casa nunca pôde falar sobre esses assuntos. Acontecia o mesmo com os irmãos. Nomeamos algo mais a respeito da repressão em todas as suas formas. Fica surpreso, diz que não entende. Explicamos com mais detalhes. Fica mais admirado. Repetimos que o maior problema é a falta histórica de palavras. **Não há nada que tenha sido nomeado nesse lar.**

Aos 18 anos, vai para a Inglaterra estudar inglês por quatro meses. Não consegue relatar nada especial sobre essa viagem. Perguntamos sobre a relação com seus dois irmãos gêmeos. Vocês já imaginam que a resposta é: "Tudo bem". Durante a adolescência também não se lembra de discussões nem desencontros com os pais.

É tão pouco o que conseguimos que Joan diga que tentamos trazer a voz dos demais: amigos do ensino médio, por exemplo. O que diziam de você? Que não era pontual. E que nunca se envolvia em nada.

— E o que acontecia com você com isso que seus amigos diziam?

— Nada.

— Nada? Seus amigos apontavam sua falta de pontualidade, sua falta de compromisso, e você não se importava com o que causava neles? Aí há um único desejo... o seu. O outro não existe. Assim como você não existia dentro do desejo de sua mãe.

Joan entendeu perfeitamente. Continuamos o processo seguindo a cronologia, mas já levando em conta que aprendeu a viver em sua **bolha**, sem olhar para si mesmo, mas também sem registrar mais ninguém. Entra na Universidade em Barcelona. Observava seus colegas falando com os pais por telefone por horas, mas ele quase não ligava para eles e, se o fazia, não tinha nada a lhes dizer; falava dois ou três minutos. Tão pouca vitalidade nos chama a atenção. Não vemos por onde entrar em seu universo emocional.

Joan passou essa fase relativamente bem, mas não tinha namoradas. Não se sentia bonito, não era capaz de entabular uma conversa. Tinha bem pouca experiência, muito pouco treinamento vincular. Perguntamos a ele se nessa época teve intenção de fazer algo a respeito. Não, se manteve assim.

Finalmente, antes de terminar seu curso, pede transferência para a Colômbia. Ali conhece sua atual namorada e única mulher de sua vida. Patrícia é uma colombiana simpática, encantadora e de personalidade forte. Não consegue nos dizer o que Patrícia viu nele. Inicia-se sexualmente com ela, e vai adquirindo certa confiança. Morando em Bogotá, Joan se solta um pouco mais. Sente-se livre, independente, seguro. Pede Patrícia em casamento. Ela aceita e decidem voltar juntos para a Espanha. Patrícia nem tinha terminado a faculdade, mas lhe garantem que poderia concluí-la na Espanha. Decidimos encerrar o primeiro encontro fazendo um resumo de tudo o que foi visto.

Durante o encontro virtual seguinte, indagamos a ele se pensou no que conversamos na vez anterior. Sim, ficou impactado ao observar sua incapacidade de relacionar-se. Pergunta como essa terapia continua, porque não está gostando do que vê. Explicamos pacientemente que este é um processo que exige um pouco de tempo, para tornar conscientes nossos mecanismos, observá-los, compreendê-los e então tomarmos as decisões que queremos. Recordamos o que foi visto, com uma mãe com pouquíssimos recursos emocionais e **sem palavras**, há escassez afetiva por todos os lados e muita solidão. Joan se acomoda e essa parece ser sua pulsão de vida. Procura aprovação externa a partir de uma valoração muito pobre de si mesmo. Concorda. Diz que sempre sentiu que sua vida passava diante do seu nariz, e ele só observava. Desenhamos um homem flutuando dentro de uma bolha, congelado, incapaz de ver, de ouvir, de falar.

Acrescentamos que ele permaneceu passivo, e que talvez tenha chegado a hora de revisar os benefícios ocultos desse personagem. Esse comentário desata ideias reveladoras para Joan. Começa a falar com entusiasmo, por fim!, reconhecendo que geralmente colocava a culpa nos outros, não se responsabilizava pelo que acontecia com ele, sempre alguém ou algo era o culpado. "Preciso mudar!", disse, sem que o incitemos. (Por fim!, se alegra sua *beagadora*, nós o despertamos).

Então se lembra de palavras de sua mãe, dizendo que não quis ser absorvente como a mãe dela (avó de Joan). Finalmente uma lembrança de algo dito pela mãe! Celebramos, de verdade. Ele também acrescenta que a mãe dizia que Joan era igual a ela. Isso nos faz pensar — e compartilhamos com Joan — que talvez ele tenha ficado preso na armadilha dessa mãe, sustentando um olhar na direção dela. Essa mãe **não falava**, Joan apenas olhava para ela, para seu silêncio, sua tristeza ou sua ira. Enfatizamos o desamparo do qual ele provém, como fica suspenso no ar sem ser levado em conta, sem palavras e sem registro pessoal do que quer, pode ou precisa. Ninguém lhe pergunta, ninguém o nomeia, portanto não existe necessidade ou desejo algum. Joan diz que está surpreso ao ouvir isso. Respondemos que não estamos inventando nada, que só estamos estabelecendo palavras que coincidam com o que aconteceu.

Continuamos. Patrícia não se dá bem na Espanha, não reconhecem seus estudos, tem de voltar a cursar matérias que já concluíra na Colômbia, enfim, ela é ativa e não se detém diante dos obstáculos. Os pais de Joan não a acolheram bem. Perguntamos se ele fez algo em favor de Patrícia. Não. Voltamos a mostrar que ele traz a esposa ao país e não consegue sequer defendê-la da agressividade de seus pais. Realmente, tem pouquíssimos recursos emocionais e, até agora, se acomodou a essa realidade. Começa a vislumbrar sua mãe como controladora, seu pai como rígido e xenófobo... e vê a si mesmo como submisso, anulado e desvitalizado. Aparentemente, Patrícia tinha mostrado a Joan, em muitas ocasiões, a atitude de seus pais, fato que ele sequer conseguia admitir. Isso chama nossa atenção e lhe dizemos.

Finalmente chora com angústia. É forte acolher o choro de um homem, mas nesse caso se tratava de uma liberação, porque era o jorro evidente de um menino contido, **preso ao silêncio de mamãe**, defensor ferrenho do controle materno e, além do mais, morto de medo. Confessa que acaba de aceitar aquilo que Patrícia lhe mostrava. Então admite que Patrícia decidiu voltar ao seu país de origem. Ele não discutiu, não reagiu, não pediu que ficasse nem lhe ofereceu nada. Dizemos que continua fiel a seu personagem: congelado, mudo, surdo, cego e metido em uma bolha de nada. Patrícia deseja, mas ele não deseja nada. Joan reage. Acaba de decidir: tomará um avião e se encontrará com ela. Muito bem, que seja, mas que se ative, que seja responsável, que pegue sua vida nas mãos e decida por si próprio. Dizemos adeus. Dois dias depois ele nos mandou um e-mail para avisar que estava viajando para Bogotá, que se sentia feliz com a decisão, que não sabia se Patrícia ia querer reatar a relação com ele, mas estava disposto a ver o que o futuro lhe reservaria. Respondemos que tentasse compartilhar com ela o pouco que tinha compreendido sobre si mesmo nesses dois encontros de biografia humana. E que, estando na Colômbia, poderia voltar a se comunicar conosco, porque o mundo globalizado tem isso: onde houver um computador e conexão à internet, podemos acompanhar. Recebemos um rapaz que chegou sem palavras, sem expressão, sem registro, passivo e submisso. E pouco depois damos adeus a um jovem que — ao menos — tem algumas coisas a dizer.

A FUNÇÃO DAS PALAVRAS QUE DESCREVEM REALIDADES INTERNAS

Não gostaria de ser repetitiva, mas um dos aspectos mais complexos para treinar na arte de acompanhar biografias humanas é a capacidade de inventar palavras que nomeiem tudo aquilo que não foi nomeado por quem detinha o discurso oficial quando fomos crianças. Palavras que descrevam realidades internas ambivalentes, negadas ou sublimadas. Por isso é tão importante — do meu ponto de vista — **nomear**. Nomear tudo que não foi nomeado. As palavras exatas e pertinentes dão um sentido exato à profusão de sensações contraditórias que não conseguem se estabelecer na consciência porque estão desorganizadas e, sobretudo, porque objetam o lugar de identidade que nos dá refúgio.

Por exemplo, se reprimimos nossa sexualidade, não conseguiremos nomear a excitação feroz que se apodera descontroladamente de nós em relação a alguém que nos deixa loucos — literalmente — e inflama locais inexplorados de nossa pele. Não há palavras em nosso léxico emocional para explicar isso. No entanto, se alguém as nomear, poderemos identificá-las.

No caso de uma realidade tão frequente como é o **desamparo emocional** durante a infância, é óbvio que ninguém nomeou uma coisa assim. Com certeza nossa mãe não nomeou, nem nosso pai, nem nenhum adulto próximo. O desamparo emocional, os maus-tratos, o abandono, o abuso em todas as suas formas, a solidão durante a infância, a sensação de injustiça, o medo, as fobias e todas as consequências pela falta de amor, solidariedade e refúgio serão as palavras que mais utilizaremos na montagem de praticamente todas as biografias humanas. Às vezes pode ser repetitivo. Claro que, em cada história, o abuso e os maus-tratos se apresentam de maneiras distintas. Mas compete aos *beagadores* registrá-los, localizá-los no cenário e nomeá-los.

Uma vez que o consultante ouve palavras às quais nunca antes tinha dado um significado transcendental, saberá rapidamente se correspondem à sua realidade interna ou não. É automático. Porque não importa se relegou à sombra suas experiências. **A sombra não é um lugar no qual as vivências desaparecem.** Simplesmente é um refúgio no qual podem permanecer aguardando atrás da tela, até que são convidadas a participar da festa. Todo o processo de questionamento pessoal honesto encontra a chave, o sinal que — de alguma forma — toca a campainha para que esse aspecto apareça de maneira mais visível.

Do meu ponto de vista, é importantíssimo não só nomear aquilo que vamos percebendo — que espera ser nomeado —, mas também é imprescindível ser especialmente cauteloso. **Não se trata de interpretar.** Não, não estamos interpretando algo que quem nos consulta não sabe. Nem estamos tirando teorias grandiloquentes da cartola. Estamos apenas acrescentando **palavras** em algo que a pessoa diz sem saber que está dizendo.

Por exemplo, se um consultante se lembra com riqueza de detalhes de tudo que preocupava mamãe, nós estabeleceremos palavras que expliquem esse "olhar para si mesma de mamãe" e esse "não olhar para a criança que a pessoa à nossa frente foi". Não estamos interpretando nada. Estamos nomeando com **palavras novas** algo que o indivíduo já sente em seu ser interior, mas que nomeia amparado no discurso do eu iludido.

Pessoalmente, as interpretações — de que nós, terapeutas de diferentes abordagens, nos valemos para desconcertar o consultante — me deixam muito nervosa. Porque geralmente estão baseadas em nossas opiniões, juízos, estudos minuciosos sobre outros autores, pensamentos e morais, que podem ser extraordinários para nosso desenvolvimento, mas que não têm nada que ver com o território do consultante. Não acredito que um terapeuta saiba nada, absolutamente nada, que o consultante não saiba. Nossa função é similar à de um diretor de orquestra que é capaz de ouvir todos os instrumentos, tentando encontrar a melhor melodia do conjunto. Apesar de não sabermos mais do que o pianista ou o violinista. Nem temos opiniões sobre o que cada músico deveria fazer. Apenas trabalhamos para oferecer a cada indivíduo uma **visão ampliada de sua própria totalidade**.

ANA E SUA FILHA ADOLESCENTE

Ana é funcionária pública, tem 40 anos e uma filha de 14 que se chama Milena. É separada do pai de sua filha e vive com outro homem com quem não teve filhos. Mora na parte de trás de uma casa onde também residem sua mãe e seu irmão. Pede a consulta porque já não sabe o que fazer com Milena, que está sempre de mau humor e não aceita seu parceiro atual. Apesar da tentação de considerar "normal" que uma adolescente se mostre de mau humor com a mãe, explicamos brevemente a ela o processo da biografia humana. Ela aceita e damos início.

Seus pais provêm de famílias numerosas, nas quais houve muita rigidez e autoritarismo. A mãe foi dona de casa a vida toda, queixosa e vítima. Têm dois filhos: a mais velha é Ana e o mais novo é Ernesto. A mãe polariza completamente os dois filhos: Ernesto é mal-humorado, obeso, não gosta de trabalhar e até hoje mora com a mãe. Ana, ao contrário, sempre fez o correto, é boa, trabalhadora e não trouxe problemas. Teve uma infância sem sobressaltos, em um pequeno povoado, brincando na rua, tentando não criar problemas para a mãe.

Investigando mais detalhadamente, conseguimos saber que a mãe não só era queixosa como também passou por várias tentativas de suicídio. Sobre quem caiu a responsabilidade de cuidar dela? Sobre Ana, claro. Colocamos palavras no que deve ter sido para uma criança acreditar-se responsável pelo desejo de viver de sua mãe. Então Ana começa a relembrar alguma coisa ligada ao caos que foi sua infância. Já não estamos falando de uma infância normal nem feliz. Mas de algo mais próximo ao que foi sua realidade interior. Perguntamos sobre o pai, mas não aparece em cena. Até agora nomeamos uma menina que faz tudo certo para que a mãe não tenha uma preocupação a mais. E, além disso, faz a mãe acreditar que ela é responsável pelo bem-estar materno. Ana chora muito ao ouvir essas palavras.

Quero reforçar que **nomear, nomear e nomear** com novas palavras sempre é um eixo importante na biografia humana. Desenhamos uma cena de Ana pequena, olhando sua mãe. Fazemos com que ela note que não aparece ninguém olhando para Ana. Ela fica pensativa por um momento, e analisa que seus aniversários nunca eram comemorados, porque sempre acontecia algum imprevisto com mamãe. Isso confirma os primeiros esboços do cenário. Basicamente vamos confirmando que isso que a *beagadora* nomeia realmente se encaixa na vivência interna de Ana.

Continuamos com a cronologia. Ela termina o ensino médio, há alguns outros episódios com mamãe, parecidos. A seguir decide estudar enfermagem, mas exerce a profissão esporadicamente. Aos 22 anos, consegue trabalho como recepcionista em uma empresa importante. Ali tem seu primeiro relacionamento amoroso com um homem casado; no entanto, não consegue contar nada significativo. Termina essa relação e, aos 26 anos, conhece Estevão e se deslumbra. Estevão tinha muita personalidade, era seguro de si mesmo e estava bem situado na vida; em contraste, ela se sentia ingênua, insegura e complacente. Em poucos meses, ele a pede em casamento, ela aceita, ele organiza a festa e decide quem convidar e quem não (deixando muitas das amigas dela de fora), ele decide onde vão morar, decide o destino da lua de mel. Decide tudo! Ana conta com brilho nos olhos, dizendo que era como estar sonhando.

— Mas você não existia nessa relação.

— É verdade. Mas nesse momento a única coisa que eu desejava era agradá-lo.

— Como à sua mãe.

— Não entendo.

Ao voltar da lua de mel, Estevão perde o emprego. Fica deprimido, mal-humorado, e Ana só tenta aliviá-lo. Mostramos a ela o mesmo mecanismo, e ali onde estava escrito "mamãe" substituímos por "Estevão". Não consegue acreditar. Começa a vislumbrar o que estamos mostrando. Até agora temos uma jovem que procura amor por meio da complacência. Estevão quer um filho. Ela, não. Obviamente, fica grávida de imediato. Segundo conta, passa por uma gravidez linda. O leitor compreende — a esta altura — que teremos de pôr em dúvida essa afirmação, porque não acreditamos em nada, em princípio, até que seja confirmado. Chega a data do parto, o bebê vem sentado, induzem o parto, este não avança e Ana vai para a cesariana.

Reiteramos o que vimos até agora: ela parece estar no lugar de quem nutre ou alimenta o desejo de outro, mas não aparece com um desejo diferenciado. Propomos, durante o encontro seguinte, abordar o nascimento de Milena a partir desse mecanismo que abordamos. Antes de nos despedirmos, pergunta:

— Seria bom se minha mãe viesse fazer sua biografia humana, não é?

— Sua mãe? Que idade ela tem?

— Oitenta, mas, coitada, passou por tantas coisas na vida...

— (Mostrando o diagrama que havíamos desenhado) Por favor, Ana, vamos deixar de olhar para a sua mãe por um tempo e focalizar em você e em Milena, que é sua filha.

Foi um choque. Logo se recompôs e compartilhou umas piadas sobre si mesma, consciente do que acabava de acontecer.

No encontro seguinte, chegou uma hora atrasada, então houve pouco tempo para avançar na tarefa. Distraiu-se quando vinha de trem e desceu em outra estação. Muito bem, é seu tempo, seu dinheiro e sua disponibilidade. Foi um encontro forçado, já que Ana quase não conseguia emitir uma palavra. Tentamos detectar o benefício oculto do personagem complacente, mas

O PODER DO DISCURSO MATERNO **205**

que ao mesmo tempo não se responsabiliza por nada. Não deseja, portanto, não assume nenhuma responsabilidade. Refugia-se em um lugar infantil, é a que não sabe, não deseja, não decide, e delega a maturidade e as dificuldades a alguém que resolva. Ao colocar palavras nessas primeiras suspeitas, Ana "ficava com a mente em branco" e o trabalho em conjunto se torna mais difícil. Então decidimos ir evocando lentamente a época em que Milena era bebê.

Ana não se lembra de quase nada: se a bebê chorava, se dormia muito ou pouco, não se lembra das visitas ao pediatra. Só lembra vagamente que Estevão a infantilizava e mostrava tudo que ela era incapaz de fazer. Os encontros sexuais entre eles — reconhece — haviam sido muito pobres e empobreceram mais ainda depois do nascimento de Milena. Mais ou menos nesse momento ela suspeitou que o marido tinha uma relação com outra mulher. Efetivamente, anos depois Estevão legalizou essa relação, e a seguir teve dois outros filhos. Perguntamos a ela se nesse momento encarou Estevão, se falou sobre o assunto. Não. Voltamos a confirmar **o personagem de quem não sabe nem toma conhecimento**.

Apesar de ter formulado distintas perguntas sobre sua maternidade com um bebê pequeno, Ana quase não tem registro de nada. Volta a trabalhar depois de três meses e deixa a menina aos cuidados da mãe, que lhe diz diariamente que ela não serve para nada, que é uma mãe ruim e que Estevão vai deixá-la. Ou seja, Estevão e a mãe a maltratam e Ana se acomoda nesse papel. Entrega sua filha à própria mãe, que tampouco se responsabiliza por si mesma.

Com um ano da menina, Estevão sai de casa e Ana vai morar na casa da mãe. Estevão formaliza rapidamente sua união com a atual mulher, e leva Milena vários dias por semana para morar com eles. Ana não questiona nada. Só derrama umas lágrimas admitindo que Estevão foi tirando a filha dela. Mostramos a ela que, na verdade, ela **a foi entregando**. Nesse mesmo ano conhece Carlos, seu atual companheiro. Tratamos de apresentar um panorama realista: ela concentrando sua libido em um homem a quem acabava de conhecer, uma criança de um ano de quem não tem registro, um ex-marido com uma mulher que tomam conta da filha várias vezes por semana, ameaçando tirar a menina dela por completo. Possivelmente esse casal tomava conta de Milena com maior responsabilidade do que Ana.

A questão é que, à medida que os anos passam, Ana trabalha cada dia mais, e Milena passa mais tempo na casa do pai. Na verdade, de segunda a quinta está na casa do pai e, nos finais de semana, com Ana. Perguntamos sobre o que acontecia com Milena em todo esse tempo, se ia ao jardim de infância, como começou a escola primária e, de maneira gritante, Ana sabe muito pouco. A *beagadora* diz, claramente, que essa ingenuidade esconde um nível de violência invisível muito alto. Quando alguém está ao lado de um indivíduo que nunca toma conhecimento de nada, a impotência e a ira crescem sem limites.

Nesse momento, toca o celular dela. A *beagadora* lhe faz um gesto, convidando-a a atender se quiser. Ouve-se o choro incontido de Milena explicando-lhe que o pai não lhe dá permissão para ir a uma festa, que nessa casa todos estão brigados com todos, que quer voltar para a casa da mãe. Ana ouve sem emitir um ruído, incapaz de oferecer-lhe uma palavra de alento, uma ideia ou uma proposta. A *beagadora* sugere que ela vá imediatamente até onde está a filha. Ao desligar, Ana diz que Milena não tem limites. E que então ela não sabe mais o que fazer.

A essa altura, o nível de infantilidade, incapacidade e falta de recursos internos dessa mulher de 40 anos nos desconcerta. Dizemos isso, mencionando que nosso trabalho vai se concentrar

O PODER DO DISCURSO MATERNO 207

em apoiá-la para que amadureça internamente, se estiver disposta. Expressamos claramente que, enquanto ela se ocupou de si mesma, encontrou outro parceiro, estudou, se divertiu e trabalhou, houve uma menina que, durante 14 anos, viveu um calvário. Sozinha. Sob a responsabilidade de um pai abusivo. E à mercê de uma mãe entregadora.

Durante o encontro seguinte, Ana deu mostras de seus primeiros registros da entrega da filha. Conta algumas histórias que mostram como Milena cuida da mãe, invertendo os papéis. Teremos que abordar seriamente distintas cenas concretas para que Milena volte a ocupar o lugar de filha, que merece ser cuidada.

Vamos percorrendo — com tropeços e falta de relatos confiáveis — a realidade de Milena enquanto era criança. Formulamos perguntas bastante concretas e variadas sobre todos os aspectos da vida de uma adolescente. Mas Ana não sabe praticamente nada da vida da filha. Fazemos que ela note isso. Propomos que arranje algum encontro a sós com Milena e tente escutar algum pedido. Perguntamos se sente-se capaz. Acredita que sim. Despedimo-nos.

No encontro seguinte, vem preocupada porque seu parceiro Carlos se dá muito mal com Milena e ela não sabe o que fazer. Suspeitamos que é Ana — que olha sempre para o outro lado — a geradora das brigas e discussões. Acontece que deram de presente a Milena um cachorrinho, e perguntou à mãe se poderia levar à casa dela. Ana aceitou sem consultar Carlos. O fato é que ele detesta cachorros. Então rapidamente um conflito se instala, aparentemente por causa do cachorro. Investigamos mais exaustivamente sobre o papel de Carlos dentro dessa casa e aparece bastante impreciso. Ana sabe perfeitamente que seu marido não tolera cachorros. No entanto, não lhe ocorreu perguntar o que ele achava de trazer um animal ao lar que compartilham. Dispensa comentários. Mostramos a ela como, nesse aparente "não tomar conhecimento" de Ana, é ela quem instaura um conflito entre a filha e o marido e então lava as mãos, argumentando que não sabe o que fazer. Coloca Milena no lugar da adolescente terrível e o próprio marido no lugar de menino deficiente sem voz nem voto dentro da família. Nomeamos isso com contundência, para estabelecer as palavras que esclarecem o funcionamento familiar.

Ela então continua com mais queixas: Milena está gorda, não para de comer, não quer ir para a casa do pai, não se importa. Dizemos que não estamos dispostas a ouvi-la. Milena é uma menina de 14 anos, madura, reclamando atenção, respeito e apoio. No entanto, só obtém uma mãe que olha para o outro lado.

Então Ana chora, a abraçamos, dizemos que nossa contundência pode ser dura para ela, mas temos a obrigação de nomear **a realidade como é**. Há uma garota sofrendo e não há tempo a perder. Afirmamos que — inclusive — já respondemos seu motivo de consulta: ela queria descobrir por que Milena estava sempre irritada. Já sabemos. Podemos deixar aqui o processo, ou continuar.

Ana, muito emocionada, responde que se dá conta, que não quer mais entregar a filha, quer recuperá-la.

Averiguando mais especificamente sobre a vida cotidiana de Milena, sabemos que vai de táxi todas as manhãs, sozinha, para o colégio. Perguntamos a Ana por que não a acompanha. Olha com cara de assombro. Não tinha passado por sua cabeça. Sugerimos que proponha acompanhá-la toda manhã, para ver se Milena aceita. Recomendamos também que fale com Carlos sobre o cachorro, e que conversem juntos até encontrarem uma solução que respeite os desejos de todos nessa casa. Encerramos o encontro com tarefas bem concretas.

Na semana seguinte, ela nos conta que Milena zombou dela quando se propôs a acompanhá-la ao colégio pela manhã. Disse diretamente que aquilo era brincadeira, que sabia perfeitamente que não conseguiria sustentar essa intenção por mais de dois ou três dias. Que sábias são as crianças e os adolescentes. Milena tinha razão, tem uma mãe inconsistente. Por outro lado, chegaram a um acordo em relação ao cachorro? Carlos falou com Milena. Por que Carlos e não você, que é a mãe? Ana fica muda, como uma criança pequena. Voltamos a mostrar o personagem da menina ingênua que não se responsabiliza por nada, e os desastres que produz ao seu redor, sobretudo com respeito à sua filha, que se vê obrigada a assumir o papel de quem decide, sabe e se responsabiliza. Ana promete a si mesma acompanhar a filha ao colégio todas as manhãs, aconteça o que acontecer. Damos nosso estímulo, dizemos que seria um grande movimento, concreto, cotidiano, silencioso e contundente. E que nosso propósito é acompanhá-la neste processo rumo ao seu amadurecimento.

Nos encontros seguintes, começa se queixando de Milena; mas a *beagadora* descarta suas queixas, torna a colocá-la em um lugar responsável, deixando o panorama bem estabelecido — como se fosse um ajuste cotidiano — e retomamos o trabalho. Acontece que Milena mostra interesse em vir aos nossos encontros junto com sua mãe. Ana responde a ela espontaneamente que isso não é possível. A *beagadora* pergunta por quê. Fica muda novamente. Dizemos que, se Milena quer acompanhá-la, é porque percebe que algo está acontecendo nesse local, algo que beneficia a todos. Talvez Milena sinta que aqui há um espaço nutritivo, e obviamente deseja participar. Propomos que ela a convide, por que não? Nosso objetivo está centrado em tirar Ana de seu papel de criancinha pequena para assumir seu lugar de mãe. Qualquer recurso que sirva e que seja favorável para todos é bem-vindo.

Realmente, ao encontro seguinte Ana compareceu com a filha. Milena estava um pouco intimidada, sua cabeça doía, estava irritada porque tinha ido mal em uma prova do colégio, mas pouco a pouco foi ganhando confiança. A *beagadora* perguntou se ela sabia do que tratava essa proposta. Respondeu que sabia que estavam ajudando sua mãe. Confirmamos, acrescentando que sua mãe está procurando ajuda para se relacionar melhor com ela. Então Milena se põe a chorar, por alguns instantes com soluços que a deixavam sem respirar.

Milena tem sobrepeso, é inteligente, vivaz, sensível e se nota que está sobreadaptada. Também percebe a irritação com sua mãe. Então começamos a falar sobre vários assuntos, a saber: seu vínculo com a mãe. Diz textualmente: "Ela nunca está e quando está me ignora, toda vez que preciso dela não consigo nem que atenda o celular. Mamãe chega atrasada em todo lugar". Chora e chora. Ana tenta se defender, mas não pode contradizê-la. Também falou sobre sua relação com Carlos: "Com Carlos não existe nenhum vínculo, é horrível conviver com uma pessoa com quem você nem fala. Ele só se dirige a mim para gritar". Ana tenta defender Carlos. Milena não aceita desculpas. Conta também acontecimentos de enorme abuso emocional por parte da sua avó e do tio maternos. "Não suporto os dois, minha avó é cansativa com tantas queixas, talvez tenha razão, está velha e minha mãe delega muitas coisas a ela. Mas não é para mim que ela tem de reclamar. Meu tio é um egoísta: leva a namorada e sua filha de 12 anos todos os fins de semana para dormir na minha casa, a menina dorme no meu quarto, eu tenho que aguentar, mamãe não diz nada e — olhando para a mãe — nem pergunta se pode vir com toda essa gente, não sei como você aguenta isso, mamãe, é a nossa casa." Ana fica muda. Sobre a avó Lúcia (paterna): "É a única pessoa com quem me sinto bem, ao menos sabe como sou, sempre me dá amor". Então começou a soluçar com muita angústia, até não conseguir mais articular uma só palavra. Ana permanece muda e paralisada.

A beagadora esperou até que Milena terminasse de chorar para **nomear** com palavras simples a história de mamãe, como foi sempre tratada como criança — coisa que não facilitou para tomar conta da própria vida. Também enunciou que era uma mulher amável e corajosa, que queria retomar o leme de sua vida e recuperar com ela o tempo perdido. Sabe que é responsável por muitas coisas que aconteceram, mas também é verdade que sempre gostou muito dela e por isso agora está comprometida com esse processo, que não estava sendo nada fácil para ela. Milena olhava para a mãe com olhos grandes, como se pela primeira vez seus sentimentos encaixassem em palavras. Milena foi se acalmando à medida que ouvia palavras cheias de compreensão e carinho.

Para finalizar o encontro, a *beagadora* perguntou a Milena se tinha algum pedido especial para a mãe. Milena não hesitou: "Mamãe, você sabe que quero tirar férias com você, nós duas sozinhas, uma vez na vida. Você e eu". Muito bem, o pedido foi claramente formulado. Despedimo-nos delas, esperando que Ana consiga atender a esse pedido concreto de sua filha.

Confessamos que são impressionantes a sensatez de Milena e o modo como consegue expressar com naturalidade e contundência o que sente e o que espera. Com uma mãe tão infantil, sua única opção é assumir um papel de bom juízo. Por nossa parte, nos centraremos em colocar em jogo as capacidades altruístas da mãe, para que a adolescente possa desempenhar o que lhe corresponde: um período de exploração, diversão e relação entre pares, sem ter de cuidar da mãe.

No encontro seguinte, Ana conta com alegria — esperando nossa aprovação — que já comprou um pacote de viagem, incluindo uma semana de hotel com alimentação no destino que Milena queria. Mas com um detalhe: incluiu Carlos. A *beagadora* se detém. Olha para ela. Pergunta a Ana o que acha que está fazendo. Ana não entende, está feliz, supondo que cumpriu o combinado. A *begadora* volta a mostrar a ela que ela não consegue concretizar uma única demanda de sua filha adolescente: passar uma semana **sozinhas, elas duas** — ou seja, que a mãe lhe dedique um tempo de exclusividade. Do seu lado mais infantil, compra as férias para os três, respondendo a seu próprio desejo, não ao de sua filha. Ana não dá importância. A *beagadora* insiste, explicando que, dessa maneira, Milena saiu perdendo de novo. Ana, com suas ações inocentes, demonstra à filha — mais uma vez — que não está interessada em satisfazê-la. Ao contrário, teria sido uma demonstração de autonomia emocional conversar com Carlos, explicando a ele que, pela primeira vez na vida, quer tirar férias com a filha, as duas sozinhas, para se dedicar completamente a ela, porque está precisando. Isso era tudo. No entanto, ainda pretende se refugiar em sua personagem de criancinha inocente que não se dá conta do que faz. Não fez o movimento. Deixamos isso bem claro. Do nosso papel, continuaremos com o mesmo propósito, mostrando quem ganha e quem perde, várias vezes, talvez modificando nossas estratégias na medida em que a consultante estiver disposta.

9. A busca de si mesmo

CADA BIOGRAFIA HUMANA É UM UNIVERSO EM SI MESMO

Poderíamos multiplicar até o infinito os relatos dos desenvolvimentos das biografias humanas das pessoas, que acompanhamos de qualquer canto do mundo, mas ainda assim seria impossível abordar a magnitude de experiências pessoais, sentimentos, descobertas, ambivalências e, sobretudo, criatividade na hora de pensar e pensar a si mesmo.

Ao receber um indivíduo que procura ajuda, somos como um artista diante da tela em branco: com todas as possibilidades disponíveis para serem desenvolvidas. Por isso — sempre que estivermos bem treinados na arte de acompanhar biografias humanas — colocaremos nossa capacidade intuitiva a serviço de um aspecto mais espiritual, mais bonito, em busca de um sentido profundo.

Costumo sugerir à minha equipe de *beagadores* que a melhor maneira de receber um indivíduo desejoso de indagar em seu interior é dando-nos alguns minutos para meditar ou para o recolhimento interior, a fim de nos alinharmos com a energia que está para ingressar em nosso campo de experiência. O propósito é que nossa energia esteja aberta e o mais limpa possível, em vez de ficar intoxicada por uma consulta anterior, por nossas preocupações pessoais ou carregada de preconceitos ou cansaço. Sei que nem sempre as circunstâncias são tão ideais na vida cotidiana. Mas pelo menos tomemos em conta que acompanhar processos de questionamento pessoal de outros indivíduos exige uma boa depuração espiritual.

Não é imprescindível que tenhamos vidas perfeitas — aliás, se acreditássemos nisso, seria a partir do personagem do negador empedernido —, mas é preciso que sejamos conscientes de nossa realidade emocional para poder olhar realidades alheias. Isto é, não podemos nos tornar *beagadores* sem ter passado várias vezes pela nossa própria biografia humana, além de estudar e se treinar em minha escola, é claro.

Cada vez que abordamos com respeito e tato a interioridade ferida de um ser humano, estamos empreendendo um caminho que percorreremos juntos, sem saber exatamente para onde nos conduz.

Não temos objetivos gerais, não pretendemos curar nada, não emitimos julgamentos, no fazemos alianças, não oferecemos conselhos nem recomendações de nenhum tipo. Em vez disso, propomos ampliar nossa consciência para nos conhecer melhor, nos compreender mais, rever a lógica de nossas ações ou crenças, observá-las em sua verdadeira dimensão, e então tomar decisões que sejam **favoráveis ao nosso próximo**. Cada biografia humana é um universo. Meu propósito é que sejamos cada vez mais indivíduos conscientes, que — apesar de não podermos voltar ao passado — possamos compreender o hoje que nos coube viver, que recursos utilizamos de maneira inteligente para sobreviver e até que nível podemos agora abandonar esses recursos, de que não precisamos mais e que às vezes fazem sofrer quem mais amamos, sem que tenhamos consciência disso. Talvez a biografia humana não modifique nossa vida de maneira substancial, mas sem dúvida vai melhorar sensivelmente a vida dos que nos rodeiam, e muito especialmente a vida de nossos filhos. O processo da biografia humana nos traz esperança, porque adultos mais conscientes terão melhores condições para sentir e satisfazer as crianças de que são responsáveis. Então, essas crianças **sentidas** se transformarão em adultos amorosos, generosos e disponíveis para fazer o bem, acima de tudo. A benevolência como valor supremo. Então a biografia humana terá contribuído com um grãozinho de areia para a criação de um mundo mais amável, mais solidário, mais ecológico.

A BUSCA DE SI MESMO

Obter segurança é a necessidade básica quando nascemos. Se não obtemos aquilo de que necessitamos, logo aprendemos a nos defender de tudo aquilo que não coincide com nossas legítimas expectativas. Ou então aprenderemos a sublimar, ou a mandar para a sombra, aquilo que, sendo crianças, não podemos tolerar. Por exemplo, se sentirmos raiva de nossa mãe, rapidamente inibiremos esse sentimento, porque necessitamos dela para nos abrigar e amparar, de maneira que não é prudente manter sentimentos hostis em épocas iniciais.

O que fazemos então é gerar mecanismos de defesa, acreditando que **não nos acontece aquilo que realmente acontece**. Pouco a pouco, vamos organizando nossos **personagens** (eu os denominei assim para assinalar o conjunto de recursos que utilizamos para sobreviver ao nível de desamparo, desamor, solidão ou violência recebidos), que se constituem em nosso melhor refúgio. Por isso, não importa tanto o que acontece, mas **o que dizemos a nós mesmos sobre isso que nos acontece**.

Tudo isso que realmente acontece conosco podemos **reprimir, projetar, substituir ou sublimar**. Às vezes precisamos reprimir formas positivas de autoexpressão para nos adaptar à realidade circundante. Desse modo, eliminamos tantos aspectos positivos como negativos de nosso ser. Às vezes substituímos inclusive nossas melhores virtudes, as mais elevadas ou espirituais. É interessante observar como nos organizamos para fazer desaparecer da consciência nossa grandeza interior, porque nossa sombra não se constitui necessariamente juntando aspectos negativos, mas, muito pelo contrário, às vezes está repleta de aspectos positivos que entram em contradição com aquilo que se espera de nós. Essa resposta às expectativas de nossa mãe ou de nosso meio imediato vai se constituir em nossa **identidade**.

Há um primeiro passo, então, em todo processo de questionamento pessoal: a intenção de observar a distância existente entre o eu profundo, ou o ser essencial e o personagem com o qual nos apresentamos ante os demais. Para isso, tentei descobrir, de maneira franca, alguns exemplos cotidianos e comuns com os quais podemos facilmente nos identificar, com a intenção de nos aproximar aos poucos de uma abordagem possível, pela organização da biografia humana. É claro que há tantas biografias humanas quanto há pessoas no mundo, e cada história é única e original. Portanto, fica difícil para mim condensar em poucos exemplos a enorme gama de desafios que nos são apresentados diante de cada discurso do eu iludido e os recursos adquiridos pelos *beagadores* para desarmá-los e acessar a realidade real. Com treinamento, sabedoria, paciência, tato, sensibilidade e intuição, podemos fazê-lo cada vez melhor.

Uma vez que conseguimos observar nossa tessitura com maior amplitude e nos reconhecer como uma pequena parte de um Todo Universal, talvez seja de interesse nos unir a uma busca mais ampla, por meio do impulso de encontrar o **significado de nossa vida**, ou seja, a capacidade de atribuir certo sentido aos acontecimentos ou às experiências. Na verdade, em todas as culturas, organizamos símbolos e crenças que dão um significado a isso que nos acontece. Suponho que essa seja uma boa estratégia para tolerar períodos difíceis ou sofridos.

Normalmente precisamos que nossas experiências se insiram em um quadro explicativo, que abranja múltiplas variáveis, para contemplar o que está nos acontecendo de uma perspectiva ampliada. Ou seja, não só a partir de nossa **evolução pessoal**, mas também da **evolução coletiva**. Essa visão de conjunto nos dá tranquilidade e, sobretudo, maior compreensão. Muito bem, por que algumas pessoas se inclinam mais a pensar globalmente e outras parecem estar atoladas em sua pequena vida privada?

Nós, indivíduos, temos múltiplas necessidades. As mais básicas se referem às puramente fisiológicas, as relacionadas com o oxigênio para respirar, o alimento, o sono ou a satisfação sexual. Então há necessidades um tanto mais elevadas, como as referidas à estabilidade e algumas formas de segurança. Então temos necessidades de amor, pertencimento, contato físico ou amizades. Continuamos em uma espiral ascendente, necessitando de autonomia, competência e certo grau de reconhecimento. Até chegar às necessidades de ordem superior, como a realização pessoal, a busca da verdade, a criatividade ou o desejo de justiça.

Claro que esses anseios variam segundo a idade, já que os níveis inferiores vão interessar a uma criança, mas em troca os adultos tendem a ir ascendendo nas necessidades à medida que as anteriores foram satisfeitas. É provável que o desejo de **alcançar níveis espirituais seja inato no ser humano**, tanto quanto desejamos amar e ser amados, alimentar e ser alimentados. Claro que, à medida que vamos escalando, torna-se mais exigente, os desafios são maiores e aprendemos a tolerar a angústia pela perda de segurança enquanto penetramos áreas desconhecidas da consciência.

Justamente, o propósito — eu acredito — de todo processo de questionamento pessoal é ir abordando o caminho no sentido do **Eu Superior**, ou seja, no sentido dessa parte de nós mesmos que deseja **transcender** enquanto procura a verdade, tenta compreender qual é o serviço que lhe corresponde em **favor do próximo** e como ter acesso à união com todas as coisas.

É frequente que partamos de um lugar muito simples: empreendemos o caminho a partir de um problema pessoal, de um sofrimento mundano. Coisa totalmente legítima, se pelo menos tentamos contatar com o **Eu Verdadeiro**, esse que se encontra escondido atrás da máscara, ou do personagem, como vimos nos capítulos anteriores.

Todos usamos máscaras na vida cotidiana, é a imagem **positiva, mas falsa** de cada um de nós. **Por baixo reside a sombra**. Ao mesmo tempo, todos temos suspeitas do material que se esconde em nosso interior, ainda que os demais não saibam. Nossa máscara é feita de fragmentos de nosso eu, e às vezes escondemos os pedaços mais valiosos de nosso ser interior. Muitos de nós rechaçamos as terapias ou os diversos sistemas de indagação, porque temos medo de não saber como enfrentar o que consideramos negativo em nós. O problema é que, para chegar **ao eu verdadeiro**, é imprescindível que nos despojemos de nossa máscara e enfrentemos o que existe. O interessante é que há tanto de positivo como de negativo. Mas não sabemos. Todo processo de questionamento pessoal procura o **eu verdadeiro**.

Entrar em contato com o eu verdadeiro ou autêntico não nos garante um estado de felicidade ou beatitude, mas simplesmente a possibilidade de viver com dores e alegrias que nos pertencem, sem ter de nos ocultar. Já vimos como, desde crianças, aprendemos a viver uma fachada para não deixar nossos pais bravos ou para corresponder ao que esperavam de nós. É um mecanismo que temos aceitado desde o dia de nosso nascimento. Por isso, será necessário modificar os condicionamentos e as pautas que adquirimos quando crianças.

Ao acompanharmos processos no sentido da própria sombra, acontece com frequência de habilitarmos outro adulto para que se dê o direito de viver como quiser, sem continuar respondendo aos desejos de mamãe ou papai. É possível que haja partes de seu eu que não foram reprimidas, mas que simplesmente ninguém estimulou. Há pessoas que necessitam de permissão para se autoafirmar, outras para reconhecer seus aspectos mais vulneráveis ou sensíveis. Em todo caso, demonstrar que o que quer que encontrem em seu interior é válido e merece ser vivido pode ser o primeiro passo para se conectar novamente às partes de si mesmo que haviam rechaçado. Na verdade, tudo isso não é mais do que um caminho possível no sentido da **aceitação do eu autêntico**.

Dizíamos então que o eu verdadeiro reflete a **intimidade de nossa natureza individual**. Encontrá-lo não é fácil, porque somos obrigados a **nos desprender de nosso falso eu**, que fomos assumindo ao longo de nossa existência (o que denominei "personagem", "identidade" ou "máscara luminosa"). Teremos que enfrentar velhos modelos vinculares, e é provável que isso nos cause medo e incerteza, sentindo que as pessoas não nos reconhecerão, ou que vão nos rejeitar.

Muito bem, inclusive nesse processo de entrar em contato com o eu autêntico não temos garantido o contato com o **eu superior**. Observar e registrar nossa sombra não nos traz implícita **a transcendência** nem a fusão com a Totalidade. Quero dizer, tocar o Eu Verdadeiro não é a revelação definitiva, nem perto disso. Há ainda muito caminho a percorrer. Claro que podemos ir além, através da meditação, da religião, da respiração, do silêncio e de muitos outros recursos para atravessar as fronteiras do eu individual até ter a vivência do **eu mais profundo**.

Encontrar o **Eu Superior** tem que ver com a **transcendência**, sentindo que em um nível muito profundo somos feitos de algo muito mais vasto do que nós mesmos. Quando chegamos a esse ponto, o **Eu Superior** nos estimula a usar nossa energia em prol de algo maior do que nós mesmos. É então que **nos vemos inclinados ao serviço**, porque sabemos que cabe a nós desempenhar um papel para que o mundo se converta em um lugar melhor. Sentimos a entrega no sentido de algo superior. Então passamos **da autorrealização à transcendência**. Nesses percursos, costumamos renunciar a identidades obsoletas, portanto é lógico que coloquemos resistência a entrar em contato com nosso lado sublime.

Tudo isso parece bonito, mas exige entrega e dedicação. Também é preciso que sejamos capazes de reconhecer quando a espiritualidade funciona como um refúgio infantil, em vez de ser consequência de ter entrado em contato — previamente — com o Eu Autêntico. Isso é mais do que frequente, e é comum que façamos parte da **ilusão coletiva**. Muitos de nós — em nome da espiritualidade — **reprimimos o que acreditamos ter de negativo**. Mas, nesses casos, **não será possível transcender** nem dominar nada, já que, simplesmente, estamos assustados.

Há uma linha tênue entre **transcender** e **reprimir**. Podemos reprimir acreditando que é uma área sob nosso domínio. No entanto, é ridículo acreditar que dominamos algo cuja existência negamos. Antes temos de ter **aceitado a dor, a raiva, a frustração, as feridas, o medo** ou o que quer que seja, porque são partes de nosso eu. Temos de deparar com **nossa sombra**, com o desamparo, com o sofrimento por aquilo que não obtivemos, pela esperança de que mamãe tenha nos amado como teríamos necessitado.

Do meu ponto de vista, é indispensável percorrer os aspectos obscuros de nossa identidade ao lado de um profissional experiente, generoso, disposto, sábio e contemplativo. A organização da **biografia humana** é uma maneira possível. Não é a única nem a melhor. É uma entre muitas outras modalidades. Todos esses sistemas de indagação funcionam como roteiros de viagem que os seres humanos desenvolveram ao longo da história para nos guiar no processo de conhecimento interior. Uma vez abordada nossa história pessoal e nosso tecido familiar, o papel que ocupamos em nossos cenários, os benefícios que nosso personagem nos ofereceu e os jogos vinculares, então sim, em profunda compreensão de nossa realidade emocional, talvez estejamos em condições de transcender e nos colocar a serviço da humanidade.

Preparar-se para acompanhar os processos de questionamento pessoal de outros indivíduos requer estar disposto — em primeiro lugar — a enfrentar nossos próprios demônios. Não é imprescindível que tenhamos vidas perfeitas, nem felizes, nem sem conflitos. Mas é inevitável que reconheçamos a dor da escuridão e treinemos nosso olfato para detectar as realidades globais, com generosidade e abertura espiritual, em favor da evolução de todos.

Então saberemos que os conselhos são inúteis, que não sabemos mais do que ninguém, mas simplesmente adquirimos a capacidade para detectar a realidade a partir da sombra, ou seja, de um lugar em que não estamos ofuscados pelo excesso de luz. Nem pela luz dos **discursos bonitos**, nem pela luz das personalidades avassaladoras ou simpáticas, nem pela luz das identificações. Ajudar o outro a conhecer a si mesmo é levá-lo pela mão no sentido de **sua própria escuridão**. Não sei se há algo mais amoroso que um ser humano possa fazer em favor de outro.

É verdade que, uma vez que encaramos a vida com esse nível de compromisso emocional em relação a nós mesmos e à humanidade, acabaremos cultivando nossos aspectos mais elevados, que logo se integrarão com a totalidade de nossas ações cotidianas. São épocas de flutuações entre luz e escuridão. Há momentos em que explodimos de júbilo, como se na hora enxergássemos claramente e soubéssemos tudo, e ao mesmo tempo aparecem momentos nos quais caímos nas mesmas tensões e no mesmo estresse das pessoas a quem acompanhamos. É assim. Estamos **fundidos** com todo o sofrimento e todas as esperanças.

Também pode acontecer que não conservemos muita paciência para as atividades puramente sociais, sobretudo quando são falsas, ou seja, quando fica estabelecido que é preciso se vincular apenas **de personagem em personagem**. Essas máscaras que nos serviram durante tanto tempo e nos protegeram caem em desuso e nos machucam. Pior ainda, somos testemunhas de como as máscaras limitam os demais indivíduos, mas eles, no entanto, se aferram a elas porque é tudo que conheceram até o momento. Segundo as normas sociais, nos comportamos educadamente, fazendo o que nosso personagem sabe fazer. O conhecido sempre é mais seguro para uma alma infantil. Ou para uma alma ferida. Mas há um momento em que **já não podemos deixar de ver o que vemos**. Vemos as almas despidas, vemos o medo, a desesperada necessidade de se sentir amados de tantos homens e mulheres que transitam pela vida atolados em suas próprias feridas infantis: essas das quais não podemos escapar, porque ainda estamos esperando o amor da mamãe. Conhecer e compreender minuciosamente nossa realidade emocional — por mais sofrida ou carente que tenha sido — é o primeiro passo no sentido da transcendência.